任正非的谜 华为的那套办法

闫 岩◎著

中国财富出版社

图书在版编目(CIP)数据

任正非的谜:华为的那套办法 / 闫岩著.—北京:中国财富出版社,2016.1
ISBN 978-7-5047-5939-9

Ⅰ.①任… Ⅱ.①闫… Ⅲ.①通信—邮电企业—企业管理—经验—深圳市
Ⅳ.①F632.765.3

中国版本图书馆CIP数据核字(2015)第263881号

策划编辑 刘 晗	**责任编辑** 尚林达 于晨苗		
责任印制 方朋远	**责任校对** 杨小静		**责任发行** 邢小波

出版发行	中国财富出版社	
社　　址	北京市丰台区南四环西路188号5区20楼　邮政编码　100070	
电　　话	010-52227568(发行部)　　　010-52227588转307(总编室)	
	010-68589540(读者服务部)　010-52227588转305(质检部)	
网　　址	http://www.cfpress.com.cn	
经　　销	新华书店	
印　　刷	北京柯蓝博泰印务有限公司	
书　　号	ISBN 978-7-5047-5939-9/F·2506	
开　　本	640mm×960mm　1/16	**版　　次** 2016年1月第1版
印　　张	17	**印　　次** 2016年1月第1次印刷
字　　数	213千字	**定　　价** 39.80元

1

1987年,43岁的退役解放军团级干部任正非,用凑来的两万多元人民币注册资金创立了华为公司。当时,除了任正非,可能谁都没有想到,这家诞生在一间破旧厂房里的小公司,即将改写中国乃至世界通信制造业的历史。

仅仅十年多的时间,从名不见经传的小公司到销售额220亿元、利润30亿元的电子百强企业,华为的资产扩张了1000倍,逐渐成为了中国企业的领航人。

2000年,任正非位居《福布斯》杂志评选的中国富豪榜第3位,个人财产约为5亿美元。

2004年,《福布斯》杂志又推出美国以外全球最大私营公司100强排行榜。他的公司成为唯一上榜的中国公司,以27亿美元的营业收入排名第79位。

2005年4月中旬,美国知名杂志《时代》周刊评出了"2005年度影响世界的100位名人"。他入选《时代》周刊全球"建设者与巨子100名"排行榜。他和微软董事长比尔·盖茨、苹果公司CEO史蒂夫·乔布斯等跨国企业大腕比肩,也是中国内地唯一的入选者。

2007年,任正非入选《世界经理人》评选的"15年来对中国管理影响最大的15人"。《中国企业家》称他"几乎是中国最有静气和最有定力的企业家"。他深刻地影响了当代中国管理界。

2

难以相信,一个穷得叮当响的"草根"会成为叱咤风云的人物;

难以相信,一个没有任何背景的穷小子会成为世界富人俱乐部的明星会员。

难以相信,一个其貌不扬的"老头"竟会成为令跨国巨头寝食难安的噩梦。

难以相信,一个有着德意志式执着的"中国偏执狂",竟会成为中外权威媒体争相报道的焦点。

……

这一切,来自他执着的信念、敏锐的眼光和非凡的魄力。

他深知拥有自主技术的价值,"任何一个国家、任何一个民族,都必须把建设自己祖国的信心建立在信任自己的基础上,只有在独立自主的基础上,才会获得平等与尊重。"因此,他创立了华为,为中国企业在新时代走出了一条新路:以技术创品牌。

他敢打敢拼,不断向世界级企业迈进,带领华为南征北战,雄震亚非大陆,横扫高加索,震撼欧罗巴,"雄赳赳、气昂昂,跨过太平洋"。

他有着英雄的气魄,最早喊出企业要发展一批"狼",以"狼"的魄力大力拓展生存空间。

他满脸的忧郁,强烈的忧患意识使他时刻警惕着随时袭来的危险,"十年来我天天思考的都是失败,对成功视而不见,也没有什么荣誉感、自豪感,而是危机感。也许是这样才存活了十年。"

……

他是华为无可替代的"精神教父",运筹帷幄,驾驭着华为这艘大船在风雨飘摇的大海上航行。

3

　　本书是一本展现任正非及华为历史的画卷,详细介绍了任正非究竟是一个什么样的人,他又是如何把华为从边陲小镇的小公司培育成了叱咤全球的跨国巨头,为读者展现了一个真实的任正非,一个受人尊敬的神秘而低调的人所做的伟大事业。作者从多方面入手,叙述了任正非经营管理华为的策略、方法、手段,即他带领华为从创业走向业界巨头的方方面面的经验。

　　它可以让人了解一个全面的华为,可以让人掌握一个世界级企业的成长经验,还可以让人领略一个企业家的核心素质和魄力,更重要的是,每一个有志于成功的人,都能从中获得一份感悟和启迪。

CONTENTS
目 录

第一章

先苦后甜打天下,侠骨柔情企业家

· ·

1. 苦难是人生的第一笔财富

任正非和许多"子承父业"的企业家不同,他是白手起家创办了华为。任正非之所以能够创立如此伟业,那是经历苦难后才结出的硕果。苦难造就了任正非,而任正非造就了华为。

1944年,在贵州安顺地区镇宁县一个贫困山区的小村庄里,任家的长子——任正非出生了。任正非兄妹七个,全家都要靠父母微薄的工资来生活。又赶上新中国成立后的困难时期,本来就没有什么积蓄的任家生活更是举步维艰了。

青少年时代生活的艰辛成就了任正非隐忍与坚定的性格。任正非感慨道:"我能真正理解'活下去'这句话的含义!"

任正非的祖籍是浙江省浦江县黄宅镇治平片任店村。他的爷爷任三和是腌火腿的大师傅,在当时的浦江远近闻名。任正非的父亲名叫任摩逊，母亲名叫程远昭。

父亲任摩逊在北京上大学期间，积极参加学生运动，进行抗日演讲，还参加过共青团。由于爷爷、奶奶相继病逝，他差点没有读完大学，险些辍学回家。当时，正值国共两党刚刚开始合作，全国兴起了抗日的浪潮。父亲在同乡会的介绍下，到广州一个同乡当厂长的国民党军工厂做会计员。战争逼近，工厂迁到广西融水，后来又迁到贵州桐梓。在贵州，任正非的父母相识相知，结为连理。

他的父亲和母亲都是普通教师。在20世纪五六十年代，知识分子是社会最底层的人。那时的教师不仅工资收入微薄，而且受人鄙视，与现代社会知识分子的待遇大相径庭。

那时候全国经济困难，粮食严重短缺，那一点点存粮连全家人填饱肚子都不够。他的家里当时两三人合用一条被子，破旧床单下面铺的全是稻草。那时候国家实行严格的配给制，日常所需凭票领取，最少的时候一年每人只发0.5米布票，兄妹七人哪里够用！直到高中毕业，任正非都没有穿过衬衣，即使在炎热的夏天也是披着厚外套。

本来生活就十分困难，但是儿女一天天在长大，衣服一天天在变短。而且孩子们都要读书，开支也很大。每个学期每人交两三元学费，每当学校要交学费的时候，母亲就会愁容不展。尽管如此，母亲还是坚持供任正非上学念书。

在青少年时期，他并没有鸿鹄之志。高中三年的理想就是能吃一个白面馒头。饿得多了，方法也多了一些。上山采一些红刺果（就是绿化用的那种），把厥菜根磨成浆，青杠子磨成粉当作食物。有时候妹妹采几颗蓖麻子炒一下当花生吃，一吃就拉肚子。后来又在山上荒地种了一些南瓜吃，或者是将美人蕉的根煮熟了吃。

父亲有时外出参加会议，还有机会适当改善一下自己的生活，而母亲却负担沉重，除了自己的工作，还要生火、煮饭、洗衣、修煤灶，还要教育七个孩子。她什么活都干，消耗这么大，自己却从来不多吃一口。任家当时每餐实行严格分饭制，只有这样才可以保证全家都能活下来。若不是这样，也许就会有一两个孩子活不下来。

这段忍饥挨饿的人生经历使任正非养成了艰苦朴素、勤俭节约的好习惯，摆脱了奢侈和招摇，养成了朴实无华的心态。

任正非念高中时正值国家三年经济困难时期，饥饿和死亡威胁着人们。全国饿死的人多达四千多万。在这种形势下，人每天都饥肠辘辘，哪里有心思读书啊！高二他还补考过一次。

任正非快高考了。有时在家复习功课，实在饿得支撑不住了，用米糠和菜和一下，烙着吃。那时家里穷得连一个可上锁的柜子都没有。粮食用瓦罐装着，他却从来没有去随便抓一把，因为他清楚地知道如果那样做的话，弟弟妹妹们都要挨饿。

临近高考的后三个月，母亲经常早上悄悄塞给他一个小小的玉米饼。也正因为如此，他才能安心复习功课考上大学。任正非后来感慨地说："如果不是这样，也许我也进不了华为这样的公司。社会上多了一名养猪能手或街边多了一名能工巧匠而已。这个小小的玉米饼，是从父母与弟妹的口中抠出来的。我无以报答他们。"

上大学期间的一件事让任正非记忆犹新。那一次母亲送给了他两件衬衣。他深知这来之不易，激动得流泪了。他考上大学那年，需要自带被褥，这可难倒了父母。后来母亲有了一个主意，那时正赶上学生毕业，母亲就捡回毕业学生丢弃的破被单缝缝补补，洗干净做好让他带上。这才得以度过了大学生活。

任正非的父母都是知识分子。任父早年在北京某大学读书，勤奋好学、知识功底扎实。母亲高中文化，在父亲的影响下自学成才。

新中国成立后，父亲穿着土改工作队的棉衣，随解放军剿匪部队一同进入贵州少数民族山区去筹建一所民族中学。"文革"前父亲是一个专科学校的校长。他不计较升降得失,拼命工作,全身心地投入进去。很快他就把教学质量抓起来了,升学率达到了90%多。他全身心投入到教育中去,一干就是几十年,培养出了不少优秀干部。他自己的地位却依旧卑微,他也从来不计较什么。

母亲高中文化,除按时完成教学任务外,还坚持自修学习,后来被评为中学高级教师。她的学生中有不少是省、地级干部和优秀专家,他们对母亲教学时高度的责任心印象深刻。

父亲稍有空闲就给孩子们讲一些科学家和文化名人的故事,并鼓励孩子们努力学习,将来成为国家的栋梁之材。由于从小耳濡目染,任正非也爱好读书,喜欢独立思考。他小小的心灵里播下了知识的种子。他一直很努力学习,在学校里成绩优秀。

任正非的价值观在家庭的影响下逐渐形成了。他养成了踏实上进、淡泊名利的心态,形成了热爱读书、追求知识的品格。这也为他后来创建华为、坚决走技术之路奠定了基础。

苦难是财富。谁认真地对待苦难,把吃苦当作一种幸福,以苦为乐,那么他必将取得非凡的成就。我国伟大的汉代史学家、巨著《史记》的作者司马迁就在他的《报任安书》中写道:"古者富贵而名磨灭,不可胜记,唯倜傥非常之人称焉。盖文王拘而演《周易》;仲尼厄而作《春秋》;屈原放逐,乃赋《离骚》;左丘失明,厥有《国语》;孙子膑脚,《兵法》修列;不韦迁蜀,世传《吕览》;韩非囚秦,《说难》《孤愤》;《诗》三百篇,大抵圣贤发愤之所为作也。"这些古代先贤,面对苦难毫不惧怕,凭着顽强的毅力和坚定的信念在人类历史的长河中留下了灿烂的一笔。

孟子说:"故天将降大任于斯人也,必先苦其心智,劳其筋骨,饿其体肤,空乏其身,行拂乱其所为,所以动心忍性,增益其所不能。"大凡天下成功人士都是经过"非人"的考验走过来的。许许多多的成功人士被人采访,采访者希望从这些人身上得到一些成功的秘诀,但是往往得到的回答只是两个字:勤奋。在面对苦难时,他们不是退缩而是迎难而上,不是把困难当作痛苦而是当作上天对自己的恩赐。

任正非说:"我认为出身贫寒并不羞耻,而思想与知识贫寒,出身高贵也不光荣。我的青少年时代就是在贫困、饥饿、父母逼着学中度过来的。没有他们在困难中看见光明、指导,并逼迫我们努力,就不会有我的今天。"

2. 部队的摔打磨炼

1968年,任正非从重庆邮电学院毕业,入伍当了一名工程兵。穿上一身绿军装是20世纪六七十年代人的向往。可以保家卫国,在那时是很值得自豪的事情。

他在部队整整待了14个年头,一直到1982年才以副团级干部身份转业。任正非清楚地了解父母大半生因没有通过思想检查而错失发展机会的痛苦。他得出了一个基本经验:"一个人再有本事,也得通过所在社会的主流价值认同,才能有机会。"

在当时的中国,主流价值是工人、农民和军人主导的,对于受过大学教育的任正非来说,选择从军也许是当时最现实的选择。后来任正非还进入了军方的研究单位。

部队给予任正非的也很多,任正非的性格特征的形成与这段军旅生涯密切相关。在部队里,任正非养成了宠辱不惊的心态。受父亲成分不好的影响,任正非在部队从未得到过任何嘉奖。他说:"我习惯了不得奖的平静生活,这也是对我今天不争荣誉的心理素质的培养。"在华为,任正非有着雷厉风行的作风,他说话直来直去、不留情面的特点;还有华为管理上的军事化作风和唱军歌的传统,无不打上了军队的烙印。

在"文革"期间,无论他如何努力,一切立功受奖的机会都与他无缘。任正非回忆说:"在我领导的集体中,战士们立三等功、二等功、集体二等功,几乎每年都大批涌出,而唯独我这个领导者,从未受过嘉奖。"

在部队的时候,他凭借扎实的专业知识,刻苦钻研,专心搞科研。当时,贵州安顺地区有一个飞机制造厂是个军工企业。身为通信兵的他被抽调过去参与一项代号为011的军事通信系统工程。

1976年10月,中央一举粉碎了"四人帮",思想开始解放。党的十一届三中全会顺利召开,随后全国范围内进行拨乱反正,纠正冤假错案,改革开放的步伐逐渐展开,中国的经济发展步入了一个新轨道。

后来父亲的冤案终于得以平反,任正非也入了党。任正非在《我的父亲母亲》中提到,"在兵种党委的直接关怀下,部队未等我父亲平反,就直接去为查清我父亲的历史进行外调,否定了一些不实之词,并把他们的调查结论,寄给我父亲所在的地方组织。我终于入了党。"部队首长在一次谈话中说:"任正非是自己人。"于是部队派人到地方了解父亲的情况。地方得知部队派人下来了,也不敢怠慢,于是很快父亲就平反了。

任正非逐渐在一系列活动中开始崭露头角。在新时期,他意气风发,积极准备做出一番成绩。三十岁风华正茂,正是大有作为的

"黄金时代"。许多卓有成就的人都是在三十多岁做出一番事业的。

中央军委提出要重视高科技的作用。他两次填补过国家级的专项空白，又有技术发明创造，一下子"标兵""功臣"等的称号扑面而来，部队与地方上授予的荣誉都排山倒海似的压过来。他一下子又变成了各种奖励的"专业户"。但是他却并不热衷于此。许多奖品都是由别人代领回来的，然后又分给了大家。

1978年3月任正非出席了全国科学大会。那一年他才33岁。在6000人的代表中，35岁以下的仅有150多人。后来，他又作为代表出席了党的第十二次全国代表大会。父亲把他与党中央领导合影的照片，做了一个大大的镜框挂在家里，全家引以为自豪。

在罗瑞卿同志逝世前三个月，任正非还有机会聆听了他为全国科学大会军队代表的讲话。讲话说未来十几年是一个难得的和平时期，要抓紧全力投入经济建设。那时他还年轻，缺少政治头脑，并不明白其中的含意。过了两三年，军队大裁军，整个兵种全部被裁掉了，他才理解了什么叫有预见性的领导。

改革开放后，在新政策的指引下，中国人开始努力想办法改变贫穷落后的现状，在遵守政策的前提下发家致富。于是，告别贫穷、走向富强，成为那时全中国人的夙愿。改革开放"春雷轰隆一响"，整个中国都沸腾了。政策给予每个人千载难逢的好机会，于是几乎人人都行动起来了。

20世纪80年代是"冒险"的时代，是"冒险家的乐园"；80年代是淘金的时代，各行各业的人争取在最快的时间内淘到"第一桶黄金"。80年代的社会气氛是财富至上的，人们普遍地对知识持轻视的态度，在人们眼里只有赚大钱才是根本。整个社会的空气中都飘着一股浮躁的气息。

但任正非不为表面的利益所动，以知识为依托，执着地追求着他与时代大浪潮不同的梦。他崇拜爱因斯坦的智慧,向往贝尔实验室的卓越,羡慕IBM公司的先进。任正非在酝酿着他理想中的事业。在这样的氛围中依然保持淡泊名利、宁静致远的态度。

不可否认的是,任正非14年的军旅生涯的确对华为公司产生了重要的影响。因为任正非在军队负责科研,他才会创建华为这样一个以制造通信设备为主的公司;因为他在军队形成了宠辱不惊的坚韧品格,才能使华为在市场经济和企业全球化的潮流下平稳快速前进。

部队是历练人的场所,一块白铁扔进去,出来的或许就是精钢。14年军队中的摔打磨炼经历,是任正非的巨大财富,堪比"文革"十年对任正非的磨炼。人们常说性格决定命运,其实性格是由环境造就的,确切地说,是环境决定了命运。这个环境不是具体的某个环境,而是他所经历的所有的路程。军旅生涯磨炼了任正非的意志,使他懂得了没有拿不下来的山头,没有不敢啃的硬骨头。

3. 华为出世——内贫外困的创业生涯

任正非离开部队后走上了充满艰难的创业之路。他已过而立之年,没有任何家庭和政治背景,他所面临的困境可想而知。任正非经常说,"市场已没有时间等待我们的成长。它不是母亲,没有耐心也没有仁慈。"

创业是对人生的一次磨炼。创业需要披荆斩棘,需要冒着巨大的风险,经历无数的失败与挫折,需要坚强的意志和坚持不懈的努力。

华为是任正非的偶然之作，但这一偶然却成就了中国通信行业的一个奇迹。这偶然之中也蕴含着必然。

1982年任正非从四川某部队转业到深圳后，到位于深圳蛇口地区的南油工作了两年。转入地方后，军队纯朴的作风荡然无存。商品经济大潮中唯利是图、阴谋算计的伎俩，他难以适应，更无驾驭它的能力。他淳厚朴实、耿直的秉性也就免不了让他栽跟头。

在深圳南油集团工作时，他曾经给老总写"军令状"，要求将旗下的一个公司交给他管理，最终没有获得批准。后来，他又开始做电子产品贸易的生意。由于习惯了部队坦诚的环境，对一些商业陷阱毫无防备，结果被人骗走100万元。在这之后，他痛定思痛，决心自己开一个电子公司。但是结果也没有想象中的那么美好。公司收益微薄，只能在生存线上徘徊。

这几年，挫折成了他的伙伴，随影而行，挥之不去。到了"山穷水尽"、无路可走的情况下，最后的"杀手锏"也许就是冒险、"赌一把"了。正是无处可以就业，他才被迫重新走上通信行业这一块自己占有优势的领域。

任正非一次很偶然的机会接触到了程控交换机的代理行业。有一个做程控交换机产品的朋友希望任正非能帮他卖些设备。程控交换机进入了20世纪80年代刚刚活跃起来的中国市场，这时候任正非还根本不了解程控交换机的来龙去脉。

在20世纪80年代，中国交换机市场是外国公司一统天下的局面。大型局用机和用户机大多来自国外大企业和他们在中国的合资企业。通信圈的人都非常清楚这个行业的巨大风险。做代理既没有大风险，又可以获得稳定的利润，何乐而不为呢？

那时候的中国商品严重短缺，交换机在国内市场的需求量很大,国外引进的产品往往是供不应求。许多经销商、大型用户派采购人员在厂家外排队等货。当时珠海有一家台资企业的订单甚至都排到了第二年。有的企业为了早日到货,还会给厂方负责人送礼。

李嘉诚说:"强者的有为,关键在我们能否凭仗自己的意志,坚持我们正确的理想和原则;凭仗我们的毅力实践信念、责任和义务,运用我们的知识创造丰盛的精神和富足的家园。"

任正非并不满足于做国外产品的代理商。在任正非看来,这样永远没有出头之日。他要为自己的发展找出一条生路。

许多中国企业都知难而退,纷纷依附于实力雄厚的外国大品牌,结果却是要受制于人。中国缺少的就是自主品牌,但是打造民族品牌的路却是无比艰难的。

面对重重困难,任正非的决心仍然没有动摇。他立志要打造出中国人自己的品牌。他说:"任何一个国家、任何一个民族,都必须把建设自己祖国的信心建立在信任自己的基础上。只有在独立自主的基础上,才会获得平等与尊重。"他开始了艰难的创业之路,他清楚地知道只有拥有自己的品牌才可以与那些老牌巨头相抗衡。

在经历了一次次的人生沉浮之后,他开始了艰难的创业生涯。

1987年10月,在深圳湾畔一处杂草丛生的两间"简易房"里,任正非和他人合伙投资21000元创办了一家小公司,名称为"华为"。华为注册为集体企业,经营小型程控交换机、火灾警报器、气浮仪开发生产及相关的工程承包咨询。最初两年,公司主要是代销香港的HAX交换机,靠价格差获利。

在《华为发展十年回顾》里有这样的描述:

创建之初,办公条件简单,蚊子又多,张燕燕躲在蚊帐中写信封，向用户发信函，令人难以忘怀。郑宝用同志从40门交换机做起，又做生产工人，又去前线装机。一个搞激光的外行，经历摸索后，大胆地提出来瞄准世界最先进水平、赶超AT&T5号机，又碰到任正非这个傻子，他们多么像现代的堂吉诃德。回想起来，全身发抖，全世界没有我们这么搞科研的，同时采用这么多新技术，没有样机借鉴，一步到位地从头设计，幸亏我们成功了，失败了后果真不堪设想。历史上只有敢想才能敢干，只有敢于革命才能善于革命。他们这种敢于创新之魂，终于流入中央研究部数百人之魄。一个25岁身轻如燕、骨瘦如柴的李一男，担负起中央研究部总裁的担子，任期内要与国际接轨，不仅要在技术上，人才的质量与数量上也要与年科研经费数十亿美元、研究人员16600人的爱立信靠拢，担子之重，可以想象。

创业初期的任正非和父母、侄子挤在一个十几平方米的小房间里。做饭是在狭小的阳台上，吃饭是挤在狭小的房间里。"当时广东在卖鱼、虾，一死就十分便宜，父母专门买死鱼、死虾吃，说这比内地的还新鲜呢！晚上出去买菜与西瓜，因为卖不掉的菜，便宜一些。"任正非回忆那段创业初期的岁月，感慨万千。

华为创业之初不但有"内忧"，而且"外患"也很严重。当然，这种问题时时刻刻都是存在的，只是对于那时尚处于"幼稚"阶段的华为来讲，更是一种考验。

在《华为发展十年回顾》里有这样的描述：

华为创建在深圳倒买倒卖的时代，知识无用论有过于"文化大革命"，那里只要会21寸、方角、遥控就行了，搞技术人家说是傻子。外部环境的不协调，华为的创业艰难可以想象。又经历了深圳的泡沫经济时代(房地产、股票)，一个真真实实做学问的公司受到的冲击可以想象。在开放之初法规不健全,腐败丛生,华为要在这种环境中建立自己洁身自好的队伍是非常艰难的。在创建之初,员工每月工资200多元,后来升到300多元,还要拼命努力,许多人累垮了身体,看着人家轻松地倒买倒卖就可以舒适生活,勤劳的人有何感想。华为创建在中国提倡科技个体户的时候,要重建集体奋斗的组织平台,是何等的艰难,何等的悲壮。现代科学技术的发展越来越复杂,变化越来越快,高科技产业稍有不慎,就会落在后面,以致消亡。

如今的华为再也不是以前的那个华为了。华为公司在任正非的率领下,已经取得了巨大的成就。据资料显示,2005年全年的销售收入达到了453亿人民币,比上一年增长40%左右;到2006年,全年的销售业绩达656亿人民币,比上一年增长45%左右。截至2007年2月,华为在全球累计获得了67个3G的商用合同,WCDMA的合同达到35个,其中12个来自欧洲。目前,华为为"全球电信运营商50强"企业提供服务,并且实现规模进入日本、欧洲、美国等发达国家的市场,成功实现了走出去的战略。

著名企业家邱永汉说:"25岁到35岁为创业最佳时期,40岁已经相当迟,40岁以后则是例外中的例外。"20岁创业凭年轻,摸爬滚打全不怕;30岁创业靠实力,先苦后甜打天下;40岁创业充满苦涩滋味。然而,任正非就在已过了不惑之年时开始了艰苦的创业。他咬紧牙关,在最艰难的时刻挺了过来,成就了华为后来的辉煌。

华为经过20年的发展,在任正非的领航下,由小小的代理商变成了如今国内首屈一指的大企业。华为的国际化战略也得到了进一步巩固,并在业界初步树立起国际化的品牌形象,获得了越来越多的国际运营商的认可。任正非也被许多创业者视为心中的英雄、学习的榜样。

4. 用军人的意志导航华为

任正非用军人的意志战胜了一切困难,使华为这艘大船从惊涛骇浪中平稳行驶过来。这种意志来源于军队的培育,也来源于华为公司所面临的激烈竞争环境。军人的品质强调:只要顽强拼搏、努力进取,就没有达不到的目的。

军人不可缺少的就是坚强的意志。意志的强与弱,对军人能否完成任务有着非常重要的影响。抗日战争时期八路军凭借"小米加步枪"打败了"飞机加大炮"的日本军队,靠的就是一种坚强的意志力。

军人意志有三个明显的特征:

一是具有明确的目的性。在意志支配下的军事行动,总是在行动前就经过周密思考,确定了预期目的和行动的具体方案。对作战目的认识得越透彻、深刻,奋斗意志就越坚定。

二是意志总是与克服苦难密切联系。在不超过客观条件和违背作战规律的前提下,通过意志的力量,克制头脑中出现的与行动目的相反的愿望和消极情绪,克服客观存在的各种艰难险阻,并与来自对手的精神打击做斗争。

三是以随意动作为基础。军人的随意动作是由意识指引的、在军事训练中所掌握的动作,如战斗车辆的驾驶、刀枪剑棍的使用等在战斗中要掌握的技能。如果不具备这些技能,战斗中的意志行动也就无法实现。

战场上拥有这种意志力就能战无不胜,令敌人胆战心惊。任正非成功地把他的军人意志施展在华为的方方面面,使华为一跃成为最受人们关注的企业。

1998年,任正非向华为培训中心推荐了第一本书。这本书是美国西点军校退役上校赖瑞·杜尼嵩写的《西点军校领导魂》。这本书介绍了美国西点军校如何培养军队的领导者。西点军校的全称为美国陆军军官学校,是美国培养陆军初级军官的学校,因校址在纽约市北郊的西点,人们又称其为西点军校。西点军校建成后的近190年来一直被称为美国陆军军官的摇篮,它培育了一代又一代军事人才,其中有3700多人成为将军,两人成为美国总统(格兰特和艾森豪威尔)。据1993年的统计,美国陆军中有超过40%的将军是西点军校的毕业生。从南北战争到海湾战争,西点毕业生都创下了辉煌的战绩。而西点军校的许多学生也成为美国商界的领袖。任正非认为,军队的领导哲学和企业管理是息息相通的。他还曾把麦克阿瑟将军在演讲中要求西点军人始终坚持的三大信念——"责任、荣誉、国家"修改为"责任、荣誉、事业、国家"四点,并要求华为的员工必须永远铭记这四点。

任正非明白,对军队最重要的就是责任、荣誉和国家,这是高于个人生命的东西。但是对作为企业家的任正非来说,事业也是最重要的。军人可以为了国家利益放弃生命,同样也可以为了自己的事业舍弃一切。华为的迅速崛起,就是任正非强烈事业心的见证。

2001年,爱立信、朗讯等跨国电信公司出现了巨额亏损,而且互联网的旗手思科也出现了高达10亿美元的亏损。这种全球性的衰退使华为在2002年受到了巨大的冲击。这一年华为的净利润下降了将近60%。2002年,"华为的冬天"最冷的时候来临了,公司出现了多年来的首次负增长,再加上公司内部创业所造成的严重打击,华为上下的士气降到了冰点。这无论对于华为员工还是任正非来讲都是一个严峻的考验。一个企业处于危难时刻的生死边缘，需要企业家有一种顽强的战胜困难的意志。当所有人都在动摇的时候，企业家必须独自面对决策，也必须独自面对困境和危险的考验。也许除了自己没有人相信，除了自己没有人能理解，但是企业家却要说服自己，还要说服整个企业。任正非凭着这种锲而不舍的意志终于带领华为走出了冬天，迎来生机勃勃的春天。

经过3年漫长的"冬天"，华为在2004年终于见到了明媚的阳光。任正非带领华为走向了世界市场。在海外市场上，华为不仅销售额达到22.8亿美元，占到总销售额的41%，而且已经全面登陆欧洲主流市场。与此同时，历时5年的以集成产品开发、集成供应链为核心的业务流程变革，也从试运行进入全面推广期。据IBM顾问的评估，华为已经基本度过了"削足适履"的磨合期，逼近及格线。更重要的是，随着大批创业人士的回归，华为内部军心趋于稳定，又开始回归到上升的轨道。

华为员工对于任正非的意志力感到十分惊讶。有些员工反映，每天早晨总能听到任总用大嗓门朗读英语，而这时候的任正非已是将近六旬的"老前辈"了。海尔的总裁张瑞敏说："中国企业的领导人，主要有一个比较致命的问题，不太肯学习。环境的问题啦，政府有些部门的问题啦，企业家会把这个看得很重。"任正非苦读英语使得华为员工纷纷效仿，大家从任正非的学习中意识到英语将在华为起重要作用。果然不出所料，任正非在一次董事会上说："将来董事会的官方语言是英语，我自己58岁还在学外语，你们这些常务副总裁就自己看着办吧。"

任正非用军人的意志战胜了一切困难，使华为这艘大船从惊涛骇浪中平稳行驶过来。这种意志来源于军队的培育，也来源于华为公司所面临的激烈竞争环境。任正非坚信,只要顽强拼搏、努力进取,就一定可以取得预想的成功。

5. 保持艰苦奋斗的作风

任正非在一次采访中指出:"建立一支宏大的、能不畏艰难困苦英勇奋斗、能创造成功的干部员工队伍,首先必须自己艰苦奋斗,起一个带头作用。"任正非的这种品格,对自己是一种激励,对公司是一种财富。

2000年《福布斯》杂志的排行榜上,任正非成为中国大陆排行榜上的第3名,估计个人资产为5.4亿美元。至于这个数字是否确切,尚无定论,正如记者采访胡润核实数字的确切性时得到的答案:能对数字负责,当然也只是估计出来的。

任正非自己直言:"我看公司并不富裕,我个人也没多少钱,你们看我像有钱人吗?你们最了解,我常常被人误认为老工人。财务对我最了解,去年年底,才真真实实还清了我欠公司的所有账,这世纪才成为无债的人。"

任正非对外界一直低调,相信没有人知道他有多少资产,但可以肯定的是,华为2006年的销售额为84.5亿美元,折合人民币为656亿元,是全球华商高科技500强排名第二的公司。作为华为公司总裁的任正非资产必定可观。

出身贫寒的中国企业家身上往往存在一种矫枉过正的现象。因为以前吃苦太多,一旦发达之后就挥霍无度,但是任正非是个例外。

华为创办之初任正非就和员工同吃同住,现在也常能见到他去食堂排队吃饭。任正非讲到的常常被人误认为老员工之事就是发生在食堂里面。一些新到的员工见到任正非穿得那么朴素,就觉得他是老员工。任正非很少穿西装、打领带,被员工形容为一副和蔼可亲的"农民伯伯"形象。

有一次任正非和公司的几名干部出差,半路上下起了大雨,道路满是泥泞。车不小心陷到一个泥坑里,任正非二话不说跳下车,捋起裤腿就开始推车。其他人看到后十分吃惊,也纷纷下车来推。回到车上有的干部就讲任正非作为公司最高领导不应该做推车这种事,任正非说:"做事是不分等级的,我和你们一样是一名工人,在同一辆车上,就必须做任何事,而且要尽力去做。"如今的华为人在敬佩任正非的同时也在学习任正非。

华为的销售额达到100亿元时,任正非还开着一辆二手的标致轿车。这辆车常常出毛病,半路抛锚的事情时有发生,直到2000年任正非才在大家的劝说之下,换了一辆宝马。而此时华为已有不少员工开上了高档小汽车。换宝马最大的考虑是为了商务的需要,因为洽谈业务、接送客户,用宝马作为座驾无疑会给他们良好的印象。但是任正非坚决不配驾驶员,无论去哪里,路途多远,他都自己驾车,而他的秘书则坐在副驾驶员的位置上享受着"老板"的待遇。

任正非虽然对自己苛刻,但是对待客户却很大方。1996年,华为就有20多辆小轿车用来接送客户,其中最好的汽车是林肯。这些高级轿车基本上高层人员都不能用,只有特殊时期才可以使用。给客户最好的服务一直都是华为所坚持的。

任正非认为,在服务客户上不要有穷酸相,对于自己则应该节俭节俭再节俭。如今华为的业务发展到全球各地,与任正非的这种服务理念是分不开的。

任正非的办公室非常朴素,完全没有那种公司最高领导人的办公室的气派。他的办公桌是一张大号的平面桌。桌面的有些地方油漆都脱落了,甚至连桌角都磨损了。桌子的后面是一张大椅子,但不是豪华的旋转沙发椅,只是非常普通的木椅。椅子后面靠墙的地方则是一张可以折叠的行军床,床上只有一床硬邦邦的竹席,任正非午休的时候就在上面休息。任正非创业初期就以公司为家,和员工一起吃住在公司里。十几年过去了,虽然公司的快速发展已不需要他在公司里过夜,但是公司总裁在办公室放张床午休还是少见的,是难能可贵的。

企业家在取得了一定的成绩之后就丢失了创业时期的那份艰苦奋斗、节俭朴素的作风,最终导致企业衰落,这是屡见不鲜的事情。古者云:忧劳可以兴国,逸豫可以亡身。其实对于一个企业来讲又何尝不是如此。任正非在华为获得辉煌成就的时候,依然艰苦朴素,这是一种难能可贵的品质,是值得所有企业家学习的。

6. 任总的"火爆脾气"

任正非对华为高层人员的脾气暴躁和出言尖刻是出了名的,以至于华为的高官对任正非都是敬而远之。

与任正非亲如父子的李一男,在华为有着一人之下万人之上的地位。但一旦李一男做错事，任正非就会破口大骂，完全不顾"父子"之情。有一次，华为召开工作会议，任正非在对各级干部进行审查时，任正非对财务总监说："你最近长进很大，从特别差变成了比较差。"华为的高官说能够得到任正非的表扬就好比太阳从西边出来，挨骂则是家常便饭。开会的时候，如果会议的发言人不直入正题，任正非就会站起来打断发言，有时甚至会冒出一句"少放臭屁"之类的话来。

1998年，江泽民同志视察深圳，并且准备视察华为公司。任正非对此事十分重视，亲自安排接待事宜。安排完不久，任正非到生产部门查看准备得如何。在检查中，他发现生产设备被重新摆放过，而不是按常规生产那样摆放。任正非非常生气，他觉得这不是欺骗国家领导人吗？任正非把负责的总监叫过来，气得说不上话的任正非竟然提起脚向总监踹去，总监本能地闪过了他的飞腿，随后就跑，任正非说："你还跑，回来啊，把设备摆回去。"

虽然任正非"打人"事件迄今为止也就这么一次，但是确确实实的让人领教了他的火爆脾气。

见过任正非的一些人会觉得这个人说话霸道，强人气十足，不给人台阶下。有一次任正非去中关村，拜访联想集团主席柳传志。北京一位知名的企业家知道此事后，向任正非提出会面请求。这位企业家满心期待地以为任正非会接见他，谁知任正非却抛出一句："不见，此乃败军之将。"那位企业家闻讯后尴尬至极。

或许是性格使然，任正非总是不给人台阶下，或者是无意地让人下不了台阶。

2000年下半年，任正非来到浙江，他和办事处主任一起去见浙江电信的高层领导。当时浙江电信局局长、三位副局长和所有的处长都来了，任正非首先就公司的形势向各位领导做了报告。报告做完后本来是让领导发言的环节，但是任正非已经完全投入其中，又高屋建瓴地开始讲述中国加入WTO后电信市场的开放带给运营商的影响，一说就是好久。后来有人提醒任正非："你要让人家局长说话啊。"双方才终于交流起来了。主管建设局的沈局长说："我认为未来杭州应该以高科技兴市。"话音未消，任正非就接上来直截了当地说："沈局长，你说错了，我认为杭州应该发展旅游业，只有城市漂亮了，才会有人才来。"当时沈局长的脸色非常难看，但他也赞同了任正非的说法。任正非这样做绝对没有人会觉得他是处心积虑，都认为他是性子使然、有话直说。

香港回归那年，华为召开驻深员工全体大会，2000多人齐聚一堂，场面之热烈不难想象。任正非在讲话时，突然说："华为的高层都长得丑，你看李一男，还有胡厚昆，长得多丑啊！"随后任正非叫两位站起来让大家看，他们两人也正儿八经地站起来对大家秀了一把，引得哄堂大笑，任正非自己也忍不住笑起来。幸好后来这两人都没有把此事放在心上，笑过大家也就忘记了。如果换作女员工的话，如此一般"羞辱"可能连死的心都有了。

任正非就是这样的脾气，他这样做绝对不是去侮辱人，也不是去印证自己的权威，更不是一个失去理智的领导，仅仅是自我真情的流露。尽管任正非有的时候做得并不是很得体，但有不少员工把他当作"一位足够让我一辈子尊敬的人"。

无独有偶，在深圳这片土地上还有一个脾气暴躁的人，这就是万科的老总王石。

汉

王石言语不多，言辞简练到必须琢磨才能把握他说话的方向，发脾气时用词十分不注意，口不择言。以致员工上班时神经绷得紧紧的，下班时还心有余悸，担心不已。曾经一段时间，王石的办公室经常传出地动山摇般拍桌子的声音。有人这样形容当时的紧张气氛：三天一次大硝烟，两天一次小硝烟。20世纪80年代万科创业初期，王石与员工谈话大部分时间都是在教训人，言辞激烈，永远一副恨铁不成钢的样子，员工常常被训得喘不过气来。

事实上，王石发脾气只是针对事情而不是针对人的，正是在王石"恨铁不成钢"发脾气的氛围中，他的团体才日益进步，攻城略地，取得了骄人的成绩。王石的这种严格要求，正是他对下属"大爱"的一种表现。他不是为解闷而拿员工开心，而是真诚地帮助犯错误的员工改进工作方法。开创了"企业家承担社会责任时代"的小托马斯，其脾气比王石更大，但这并不妨碍他成为包括GE在内的所有企业的CEO的崇拜对象。

在这个世界上，有许多人往往顾这顾那最后连自己都迷失了，而最成功的人往往是把自己的性格发挥得淋漓尽致的人，是活得最真实的人。任正非就是这样一个人。

7. "侠骨柔情"的企业家

对于许多公司的普通员工来讲，高层领导往往是神龙见首不见尾的。这些领导们在自己的世界里忙碌着，永远不会在普通员工面前流露真实感情,他们或者是刻意伪装,或者是刻意躲避。相比而言,任正非是一个完全袒露自己心怀的人,让广大的员工见到了他充满着人性光辉的一面。

任正非基本上没有什么爱好,除了工作之外就是看书,看的书非常杂,包罗万象。任正非外表强硬,内心却很细腻、赤诚,常常看书看到动情处会热泪盈眶。

华为非常喜欢搞大合唱之类的大型活动。一年年终,华为的部分员工在公司的7楼小会议室里举行集体大合唱。任正非坐在前排的位置上听员工唱着雄壮的革命歌曲,不久他就会泪流满面。有的时候任正非到深圳民俗文化村参观,看到表演或听到唱歌,都会热泪盈眶。任正非最喜欢听的音乐是一首日本的曲子《北国之春》,这首曲子歌颂创业者和奋斗者,饱含着对劳动者的无尽赞美。任正非出访日本的时候曾经和一群日本的老人合唱过这首歌,每次听都被歌中朴实无华的歌词所震撼而暗自流泪。任正非写的《北国之春》也是一篇情感丰富、文字优美的散文,包含着对日本企业深深的敬意和对华为发展深深的忧虑。

任正非影响最大的文章就是关于纪念父母的《我的父亲母亲》,此文被翻译成日文、英文等多种文字在世界各地流传,一时洛阳纸贵。许多人看了之后无不为文中的情感所打动。有人说,如果任正非不是一个企业家的话,他将会是一个非常优秀的作家。当然现在的任正非也算是半个文人,他写的许多文章都流传甚广。

华为是一个有着4万多名员工的大公司,所以不时有员工因为各种各样的原因离开华为,对于每一个员工的离开,任正非都很动情。

　　1997年对任正非来讲是非常难忘的一年，因为这一年有两个非常重要的人去世。1997年2月12日，华为市场部的原秘书主任杨琳在海南休假时遭遇车祸去世。任正非接到消息后，泪如雨下。悲痛之余任正非写了一篇纪念性文章发表在《华为人》上。文章充满着对死者的思念之情，并且提到自己最大的遗憾是没有同杨琳说过几句话，谈过一次心。1997年2月19日，邓小平同志逝世，任正非听到这个消息后茶饭不思，处于强烈的悲痛之中。任正非在华为的7楼设置了灵堂，用来悼念中国的总设计师邓小平同志。有员工见到任正非在邓小平的追悼会上穿着一身旧衣服，显得非常憔悴。他一直在人群的周围走动着，要大家往前站，往里站。全体员工都看到他在整个现场都显得非常悲伤，目光呆滞，眼中满含泪水。他是一个懂得感恩的人，当然不会忘记这位伟大工程师所带来的福祉。

　　任正非非常关爱自己的员工。有个员工到华为的人力资源部不久，一次晚上加班，想记录些东西，写着写着发现任正非站在窗边静静地看着他，看一会儿后毫无声息地背着手离去了。那个员工后来感性地写道："我永远忘不了他的眼神，他并不是在分辨你在写什么，也不是在审查你是不是在加班，就是关注、温和、爱护。就像父亲看着自己的孩子，是从内心深处透出来的欣赏和随意，不为什么，他就是来看你几眼。"

　　华为的员工经常都能感受到任正非那种发自心底的关怀，虽然任正非的脾气非常不好，但都能够得到员工的理解和支持。有一个员工讲到这样一个故事：当他还是一个普通员工时，他从外地出差回到深圳，任正非也恰巧刚从外地回来，两个人在机场碰上了。这名员工本想当作没看见就算了，低头而过，谁知任正非主动走过来，问他住在哪里，问过之后就把他先送到家，然后自己才回家。

　　离开华为的员工们都从心底感叹说："任总是真的关心员工。"

任正非自己也说："回顾我自己已走过的历史，扪心自问，我一生无愧于祖国、无愧于人民，无愧于事业与员工……"

任正非在经商合作上，也是有情有义。

2001年，华为将核心业务安圣电气卖给了美国的爱默生公司，获得了60亿元的收入。华为的工作人员都以为安圣电气卖出去了就可以撒手不管了，对安圣电气的事情不甚理会。一次任正非召开部分员工会议，看到安圣电气的工作人员没来，于是大发雷霆，重重地捶了一下桌子。当时与会人员还不知何事，你看我，我看你，任正非突然说道："我跟你们说过多少遍了，开会一定要把安圣电气的人叫来，我们不能因为把安圣电气卖给爱默生了，把人家的钱收了，就可以甩手不管了，我们还要把别人扶上马送一程。"

我们看过很多有"个性"的人，但却很少看过像任正非这种冰火两重天的性格。如果用一个词语米形容任正非的这种性格，想必"侠骨柔情"这四个字最适合。华为有今天的成绩，离不开任正非这种人格魅力，以及这一魅力带给华为的凝聚力和坚韧不拔的战斗力。

第二章

"狼性"创造激情,"棉袄"应对危机

1. 狼文化的"始作俑者"

狼是一种集竞争性、合作性、服从性、忠诚性为一体的智慧动物。

在某一规则下它们勇于竞争,但在已经确定的组织以及规则下,它们绝对遵循团队协作、服从的原则,同时表现出对狼王最高限度的忠诚。

一批又一批的企业管理专家感慨,华为人是一群真正的狼。任正非在很长一段时间内最强调的就是"狼性"。由于他的强调,这种狼性被深深地植入华为所有员工的心里,并成为华为的标志文化。尽管从2000年以后,任正非已经很少再提狼性,但狼文化的影响之大、之深非一般文化现象可比。

在华为的文化建设中,狼性的血脉一直贯穿其中,并主要表现为以下几点:

①专注目标,坚毅执着。狼群生存的最重要技巧,就是能够把所

有的精力集中于捕猎的目标上,它们只要瞄准目标,不达目的决不罢休。为了捕获猎物,它们往往一连几个星期始终追踪一只猎物,搜寻着猎物留下的蛛丝马迹,狼群轮流合作,接力追捕,在运动中寻找每一个战机。

华为在近20年来的发展过程中,无论是在艰苦的创业中,还是在竞争激烈的市场经济的大潮中;无论是在已经国际化的主战场,还是在国内基础设施的建设中,都培养造就了一批又一批具有顽强拼搏精神的队伍。

②善于交流,有效沟通。有效的交流和沟通对狼的生存至关重要,狼的沟通能有效地减少彼此的冲突。捕获猎物时,面对瞬间万变的形势,狼与狼之间复杂精细的交流使它们得以不断调整战略与战术来获得成功。

任正非起草《华为基本法》实际上就是为华为寻找一个传递系统、一个共同语言系统,使企业上下对企业未来可持续发展的基本问题达成共识,从而形成面向未来的凝聚力的过程。以此建立起一个共同的语言系统,即企业文化的传递系统,实现华为高层和中、基层之间的有效沟通。

③相互合作,团结一心。狼最值得称道的是战斗中的团队精神。狼一般过着群居的生活,狼与狼之间的配合成为狼成功捕猎的决定性因素,它们为了共同生存,可以牺牲一切。不管做任何事,它们总能依靠团体的力量去完成。战斗力极强的狼群绝不会在它们的同类面前争强斗胜,也不会因同伴出现失误而互相指责,因此狼群内部一般不会出现大的宿怨。

任正非在华为内部大力提倡团队精神,这种"群狼"战术在研发和营销领域被华为人发挥得更加淋漓尽致。在"前沿阵地"上"冲锋陷阵"的营销人员背后有着强大的后援团队,有的负责技术方案设计，有的负责外围关系拓展，一旦需要就立刻会有支援，发挥"胜则举杯相庆，败则拼死相救"的集体主义精神，将业务范围不断拓展。

④知己知彼，策略至上。狼从来不打无准备之仗，踩点、埋伏、攻击、打围、堵截，组织严密，很有章法。它们对即将实施的行动总是具有充分的把握，当狼群在捕猎中不得不面对比自己强大的猎物时，单列行进的狼总会改变阵势，对敌人群起而攻之，直到把猎物变为食物为止。

华为创业初期在家门口就遭遇跨国巨头这样的竞争对手，但华为却从重重包围中杀出一条血路。这是因为"头狼"任正非了解自己的竞争对手，同时也比对手们更加了解中国国情。他充分汲取了毛泽东军事战略思想的精华，提出了"压强战略""农村包围城市"等符合企业实际情况的策略，最终打开了国内、国际市场的大门。

⑤组织严密，纪律严明。狼是群居动物中最有秩序、最有纪律的族群。当狼群中的头狼确定后，其余的狼一定会服从它的领导。每次围猎，每匹狼都要严格执行头狼的命令，即使拼死一搏，也不会惧怕。这就是狼的纪律、狼的执行。

纪律是一切组织和团队的基石，服从是行动的第一步。任正非接受过军队血与火的洗礼，军事管理思想浸入到了他的脑海最深处。他把军队的管理思想和管理方法带入了华为，使华为成了一个纪律严明、组织严密的高效率企业。

⑥冷静达观，无所畏惧。对生存的渴望，让狼群可以蔑视一切强大的敌人，可以产生忍受和战胜一切的力量。狼在受到比它更强大的其他动物攻击时，不会害怕和胆怯。它们知道只有战斗才有生存的希望，而逃跑却只能死，这就是狼的生存法则。

在任正非眼中，从失败的废墟中崛起的不仅仅有成功的摩天大厦，还有屡败屡战的意志家园。在他的鼓励下，华为人即使在产品研发、市场营销等方面遭遇失败,也会在跌倒后迅速爬起来,因为他们知道跌倒的教训会成为有益的经验,能够帮助华为取得未来的成功。

⑦注意细节,发现机遇。狼不会轻视任何一个对手。在攻击前,狼都会了解猎物,观察并记住猎物许多细微的个性特征和习惯,所以狼的攻击对于许多动物来说是致命的。狼为了捕获猎物,可以持续长达好几天的时间,观察并监控被它们盯上的猎物群。它们甚至能够观察并记忆许许多多连人类都无法觉察到的性格特征和习性。

细节中存在机遇,细节决定成败,完美的细节创造成功。为了使"细节文化"深入人心,任正非经常在华为组织各种学习活动,对员工开展思想教育工作,使华为员工人人都意识到细节的重要性。正是任正非这种把小问题摆在桌面上的教育,使华为有效地避免了日后危机的发生。

⑧尊重个性,求同存异。通常一个狼群只有5~8匹狼,它们行动时之所以显得声势浩大,让人产生四面楚歌的感觉,主要的原因就是每一匹狼在嚎叫时都会发出自己独一无二的声音,注意不模仿其他狼的声音,并尊重与群体中其他成员的差异性。狼群就是这样的一个整体,而同时又是各个不同的个体,每个个体都以其独特的方式为集体出一份力。

《华为基本法》中明确指出:"尊重知识、尊重个性、集体奋斗和不迁就有功的员工,是我们事业可持续成长的内在要求。"任正非之所以将此列入基本法,是因为他知道只有由充满个性的员工组成的企业才会有生命力,才会有能力不断推出创新之举,这样的企业才会有机会在激烈的竞争中取胜。

⑨富有耐心,追求胜利。狼宁可选择长期等待换取胜利,也不愿以生命换取短期的利益。在旷野上,驯鹿和狼总是比邻而居。驯鹿高大健壮,狼瘦小枯干,驯鹿可以轻易地将一只狼一蹄子踢死,但驯鹿

却经常成为狼的食物。狼捕捉驯鹿时会不断攻击驯鹿群中的某一只驯鹿，使其不断受伤并逐渐失去力气和反抗的意志。最后等这头受伤的驯鹿极为虚弱，再也不会对狼群构成威胁时，狼群开始集体出击并最终捕获它。可见狼群谋求的不是眼前小利，而是长远的胜利。

忍耐，就是坚持一个过程，等待一段时间，并在这段时间、这个过程中默默地奋斗下去，直到成功。华为国际化的道路十分曲折，面对国际市场对中国高科技产品技术含量低的普遍误解，任正非和华为人强压痛苦，努力开拓市场，最终以出色的产品和顽强的毅力征服了挑剔的通信运营商。

狼性文化的核心是合作、团结、耐心、执着、拼搏、和谐共生。华为的狼性并不是任正非一时兴起所为，而是他为了华为的生存不得不培养出来的一种精神。在华为创始之初，任正非就把这种狼性融入公司的血脉，并升华为狼文化，成为了华为文化的核心，这也是华为成功的根本原因。

2. 像狼一样创造机会

任正非是狼性思维的忠实贯彻者，这一点在他对于机遇的态度上体现得尤其明显。

狼知道，要想获得食物，必须要经过艰苦的狩猎，因为猎物不会自己主动跑到身边来。例如，几只狼在搜寻目标时，遇到一群麝牛。面对这样的猎物，狼会先将牛群赶向山坡一侧的高地，形成包围圈后，再把牛群一冲而散，破坏它们的凝聚力。众牛四处奔逃，很多弱小的个体就会倒在锋利的狼牙之下。对于机会,狼从来都是主动寻找,大胆创造。

华为在创业起步阶段,毫无名气,在与大企业的竞争中一直处于不利的境地,很多时候客户听到陌生的"华为"的名字会直接掉头走人。然而在这样的情况下,任正非带着他的队伍,以顽强的毅力和出色的战略视角,不断提高自身各方面的能力,为自己的产品研发、争取客户群、学习先进管理模式等创造机会,一点点地打开市场、推进科研、完善管理。在取得巨大成就的今天,任正非和他的华为团队可以自豪地说,华为走到今天的每一个机遇,都是华为人努力创造出来的,而不是凭运气得来的。

任正非在《向中国电信调研团的汇报》中说:

知识经济时代的核心就是创造财富的方式发生了根本的改变。

我们这个时代是知识经济时代,它的核心就是人类创造财富的方式和致富的方式发生了根本的改变。随着时代的进步,特别是由于信息网络给人带来的观念上的变化,使人的创造力得到极大的解放,在这种情况下,创造财富的方式主要是由知识、由管理产生的,也就是说人的因素是第一位的。

机会、人才、技术和产品是公司成长的主要牵引力,这四种力量之间存在着相互作用。机会牵引人才,人才牵引技术,技术牵引产品,产品牵引更多更大的机会。员工在企业成长圈中处于重要的主动位置。

落后者的名言是抓住机会,而发达国家是创造机会,引导消费。机会是由人实现的,人实现机会必须有个工具,这就是技术。技术创造出产品就打开了市场,这又重新创造了机会,这是一个螺旋上升的循环。这四个因素中,最重要的还是人。国家和国家的竞争,实质是大企业之间的竞争。经济的竞争体现的是技术的竞争，技术优势的产生是由教育基础构成的。中国"地大物博"，只有靠科教兴国，从人的头脑中挖掘资源。农村的养猪能手、种田能手很可能是爱因斯坦胚子，只是没有受到系统的教育。要重视对人的研究，让他在集体奋斗的大环境中，去充分释放潜能，更有力、有序地推动公司前进。

机会不是等来的，只有优秀的人才懂得为自己创造机会。

能够创造机会的优秀人才通常具备这样几种素质：

首先，具有端正、积极的态度。一个对自己负责的人才会有主动创造机会的意识和信念，一个积极的人才能不畏失败、不指望轻易成功，任何时候都不失去"采取行动"的精神。

其次，想要为自己创造出机会，要具备十分的自知之明。他们了解自己的价值观和专业技能，了解自己的强项和弱点所在。这样才能找出适合自己干的事情，而不是勉强自己去适应工作。

再次，做一行就要精一行，对于知识和技能的掌握不可忽视。要成为专家，要具备主动思考的能力和丰富的创造力，才能够走在别人的前面，创造出别人想不到、做不到的机会。

最后，能力再出众的人，也有被淹没才华的可能，能够为自己创造出机会的人，一定是善于推销自己的人。要将自己的能力和特长充分地展现在他人面前，才能为自己创造更多的机遇。

等待机遇垂青的人数不胜数，但真正从这一大军中争取到机会的有几个？善于发挥主观能动性的人懂得如何通过自身能力的不断提高为自己创造机会，创造机会并非可望而不可及之事，点滴积累，做个有心人，你也可以为自己创造出机会，取得更高的成就。

3. 战无不胜的"床垫文化"

当华为以它的"床垫文化"传统与国外企业进行"厮杀"时,任正非发现,自己虽然在资金、技术、管理上处于劣势,但完全可以在服务上做得比它们更好。

经过一场场"血淋淋"的市场较量,在打败国内外众多高手后走出来的华为给中国的企业留下了一个传统——"床垫文化"。几乎每个华为的开发人员都有一张床垫,卷放在铁柜的底层、办公桌的下面。午休时,席地而卧;晚上加班,盈月不回宿舍,就这一张床垫,累了睡,醒了爬起来再干。一张床垫半个家,华为人携着这张床垫走过了创业的艰辛历程。"床垫文化"意味着华为人努力把智力发挥到最大值,它是任正非赋予华为公司的精神。

1995年,华为以它特有的"床垫文化",成功研发出了拥有自主知识产权的C&C08万门交换机。1996年,华为开始了"走出去"的战略,它们选择的第一站是即将回归的香港,然而香港早有众多跨国大公司盘踞在那里,它们的技术比华为要先进得多。华为依然以它的"床垫文化"做出了回答。

当时的香港已经是世界通信最发达的地区之一,世界著名的电信公司都把它看成一块"肥肉",争相把自己最先进的交换机销往那里。华为找到李嘉诚旗下的香港和记公司开展交换机业务。虽然当时华为公司在开辟香港市场方面有一些有利因素,但所面临的阻力也是巨大的。

当时内地的企业几乎还没有能让香港客户产生信心的地方,就连华为的伙伴和记公司内部很多人都已经习惯了西门子的机器,因为西门子进入香港已经很久了,它们在短期内无法接受一个全新的机型。香港电讯管理局要对各个运营者进行检查,如果和记公司不能顺利通过检查,便无法取得电信业务经营权。除此之外,香港市场与内地市场存在巨大差别,标准制式也不太相同,用户使用习惯、网络间各交换机的信令配合也不一样,用户对交换机的要求比内地严格得多。

开始的时候,令人无法想象的意外频频发生。交换机不是不太稳定,就是无法进行传输,反复检修仍然找不到问题的根源。和记公司人员对华为开始失去信心。更要命的是,再过两三天华为的机器就要和香港电讯对接,如果还解决不了问题,和记电信公司的经营许可证就要被取消,后果不堪设想。一时间,每个人的心里都压着一块巨大的石头。

华为的技术人员不停地从各个角度检查问题出现的根本原因,但问题隐藏得很深,一时无法解决,而且大家心越急,越无法集中精力。在这种情况下,华为又搬出了自己的看家本领,与和记电信商量后,购买了几个睡袋在机房打地铺,大伙轮番进行昼夜调试。内地的万门交换机技术人员在担负繁重任务的同时,也抽空来给华为在香港的项目帮忙。

所有设计人员忘记了白天黑夜,自动放弃了休息,没完没了地进行调试。每当凌晨两三点钟,项目组组长的手机就特别繁忙,不停在深圳与香港两地之间传递调试信息。华为这种拼命精神,不仅给自己鼓舞了士气,也感动了和记公司的人员。在华为技术人员的感染下,和记电信的技术主管也放弃了休息,不断地提出各种建议。经过整个项目组成员的日夜奋战,华为在香港的第一个项目成功了。

华为的"床垫文化"就是一种艰苦创业的精神,而任何创业者都不能缺少这种精神。特别是中国的企业,在资金、技术、管理都不如人家的情况下,更应该具备一种艰苦创业的精神。

海尔集团能取得今天的成绩,也是经过千辛万苦、长途跋涉一步一个脚印走过来的。在张瑞敏接手前,海尔是家生产家用电器的小厂,因体制转型,一直不景气,还亏损147万元。张瑞敏接手后,为了改变工厂资不抵债、人心涣散的情况,首先传输给大家的就是艰苦创业的精神。当初,海尔生产了一批冰箱,经检验都存在质量问题,虽然都是一些小问题,但严重影响到冰箱的质量和工厂的信誉。知道这个事情后,张瑞敏把各台冰箱的生产人员都叫了过来,提起一把重磅大锤,把所有有问题的冰箱都砸烂了。职工们看到这种场景,都禁不住流下泪来。这一锤,砸醒了全体员工,让他们明白了只有踏实创业才能最终走向成功。他们改变了以前无所谓的态度。从此,产品不再分等级,有缺陷的产品就是废品,生产不合格产品的员工就是不合格的员工。

在艰苦创业的氛围下,久而久之,海尔形成了一种"日事日毕,日清日高"的企业文化。在海尔,全体员工都形成了一种习惯,那就是今天的事情不会拖到明天去做。也就是由于这种精神,海尔成为了中国为数不多的拥有一定国际影响力的大企业。

在现代的经济大世界中,中国人来得太晚,中国的企业错过了太多的机会。当20世纪80年代中国的国门打开时,自己才发现,我们已经落后得太远,所有行业、所有领域都被别人占领了最顶峰的位置。但这丝毫不等于我们就应该放弃在全球化大体系中追求自己的位置的理想。在别人的资金、技术、管理都比我们成熟的情况下,我们应该怎么办？

华为作为中国民营企业的榜样，它告诉其他企业，除了"床垫文化"，我们别无选择。前苏联作家奥斯特洛夫斯基说："共同的事业，共同的斗争，可以使人们产生忍受一切的力量。""床垫文化"是华为人忍耐力的表现，同时也是华为力量与创造激情的表现。

4. 保持激情，拒绝"沉淀"

任正非常挂在嘴边的词汇中有一个是"沉淀"。在他看来，一个组织时间久了、老员工收益不错、地位稳固就会渐渐地沉淀下去，成为一团不再运动的固体——拿着高工资、不干活。

任正非认为，将企业保持激活状态非常重要。华为走到今天，靠的就是这种奋斗精神和内部的一种永远处于激活状态的机制。对组织而言，沉淀层不啻为难以出手的热山芋，管理者面对该问题时左右为难，在辞退成本、组织活力、人情颜面等方面犹豫不决，就不得已采取冷处理方式，打入"冷宫"，安排闲职，希望这些沉淀层熬不住自己主动辞职。和华为其他与众不同的做事风格一样，华为在"沉淀"问题上的做法也是非常有特点的。一方面华为不断通过文化建设、激励机制、危机意识使员工始终处于激活状态，尽可能减少沉淀的发生，客观上讲华为的沉淀层比例并不大。另一方面，华为公司通过几次大运动较好地解决沉淀层的退出问题，比如在华为文化中占有重要地位的10多年前的市场部集体大辞职，2001年左右的内部创业风潮，直至2008年的7000员工大辞职，其实都是一脉相承的，每次间隔5~6年,每次都是大动作。

张建宁于2000年9月入职华为公司,被分配到无线技术支持部的第一线,从事GMSC35新产品的技术支持工作。从此,现场开局、现场割接支持、远程支持问题处理工作成了他生活的主旋律。2001年7月,实施中国移动GSM目标网全网升级项目,为了组织全网项目实施以及做好远程支持工作,张建宁一个月有近20天在公司加班过夜。就这样,两年时间内,他现场支持了40多个重大工程项目的割接,个人也得以快速成长,积累了扎实的专业知识和丰富的经验。2003年,张建宁成为无线产品二线技术支持工程师、国内GSMNSS产品责任人。2004年10月,由于中国移动软交换长途汇接网公司特级重大项目的需要,张建宁被调入北京分部,成为移动软交换长途汇接网项目的技术总负责。张建宁从一名普通的一线技术员,成长为华为的技术专家。

爱默生说:"一个人,当他全身心地投入自己的工作之中,并取得成绩时,他将是快乐而放松的。但是,如果情况相反,他的生活则平凡无奇,且有可能不得安宁。"

任正非说:"思想不经磨炼,就容易钝化。那种善于动脑筋的人,就越来越聪明。他们也许亲自尝试,惹些小毛病,各级领导要区分他们是为了改进工作而惹的毛病呢?还是责任心不强而犯下的错误?是前者,您要手下留情。我们要鼓励员工去改进工作。在一个科学家的眼里,他的成果永远是不完善的,需要不断地优化。我们产品办、中研部、中试部的员工有这样的感觉时,您就进入了科学家的境界。对我们生产的工艺、产品的加工质量,您每天都充满去改进的欲望时,难道您还看不见爱迪生的身影吗？"

一个对自己工作充满激情的人，无论在哪里工作，都会认为自己所从事的工作是世界上最神圣、最崇高的一项职业；无论工作的困难是多么大，或是标准要求多么高，他都会始终如一、不焦不躁地去完成它。

有激情就能够受到鼓舞，鼓舞又为激情提供了能量。只有当你赋予你所做的工作以重要性的时候，激情才会应时而生。即使你的工作不那么充满乐趣，但只要你善于从中寻找意义，也就有了激情。

当一个人对自己的工作充满激情的时候，他便会全身心投入自己的工作之中。这时候，他的自发性、创造性、专注精神等便会在工作的过程中表现出来。

5. 停止奔跑，意味死亡

任正非一直向世界一流的企业学习度过冬天的经验，未雨绸缪地为华为准备"过冬的棉袄"。通过对日本企业的考察，任正非发现思想上艰苦奋斗是应对危机的最佳利器，也是华为度过冬天的"精神棉袄"。而现金流则是能够有效"御寒"的另一件"棉袄"。

2000年年底，任正非振聋发聩地提出了"华为的冬天"一说，提醒华为全体员工"萎缩、破产一定会到来"。同时他也在思索应该怎样度过华为的"严冬"。在《华为的冬天》的最后一段，任正非写道：

"沉舟侧畔千帆过，病树前头万木春。网络股的暴跌，必将对两三年后的建设预期产生影响，那时制造业就惯性地进入了收缩。眼前的繁荣是前几年网络股大涨的惯性结果。记住一句话：'物极必反'，这一场网络设备供应的冬天，也会像它热得人们不理解一样，冷得出奇。没有预见，没有预防，就会冻死。那时，谁有棉衣，谁就活下来了。"

IT业的冬天果然被任正非言中了。2001年，全国电信的固定资产投资额为2648亿元，比上年增长15.3%。2002年完成投资2034亿元，比2001年减少了20多个百分点。2003年计划完成投资2000亿元，比2002年又减少1.7个百分点。道琼斯的分析师预计，2003年中国电信设备市场将连续第二年出现萎缩，因为各公司仍将削减它们的设备购买量。对于国内的制造商来说，意味着这又将是苦苦煎熬的一年。而此时的华为已经有了双层"棉衣"御寒，所以这个冬天对于华为来说似乎不算太冷。

在茫茫的非洲大草原上，几乎每一种动物每天都在玩一个生存与死亡的游戏。其中，最引人注目的是野牛与狮子之间的博弈。狮子和野牛是一对天敌，尽管狮子吃野牛的故事我们听得比较多，但在实际的搏斗中，被野牛踢死的狮子也不胜其数。有这样一组镜头：

一头离群的野牛被4头狮子围住，或许你认为野牛一定会被狮子咬死。但是只见野牛把头一埋，用力一挑，就把一头狮子挑了个底朝天。其他3头狮子见状，奋力地扑上去，野牛撒开四蹄，狂奔起来。尽管狮子不甘心，但是追了100米左右之后，便放弃了追赶。

为什么4头狮子奈何不了一头野牛呢？随着播音员的讲解，大家才明白：原来，庞大的野牛力量惊人，狮子只能以少胜多，而且要以智取胜。最重要的是，狮子的奔跑速度极快，但是没有耐力，一般超过了100米，就会消耗掉体力，再也跑不动了。而野牛则耐力非凡，别说奔跑100米，就是1000米也不是问题。也就是说，只要野牛不停止奔跑，就不会被狮子吃掉。

而那些被狮子吃掉的野牛，并不是输在力量上，而是输在心理上，输在心态上。它们胆怯，见到狮子就慌了神；它们侥幸，认为狮子跑不过自己；它们没有危机意识，不注重保护自己。

其实，企业的发展也是如此，只要不停止奔跑，就不会轻易死亡。最怕的是企业取得了一定的发展，老板就洋洋自得，变得不思进取；最怕的是，企业遇到了一点困难，老板就心灰意冷，放弃努力；最怕的是，老板没有危机意识，不懂得未雨绸缪，等到危机出现时，才顿时慌乱。

很多企业在创办初期，公司上下团结一心，工作积极性高涨，在条件有限的情况下，往往能取得更好的效益。但是当企业进入了稳定发展时期，员工的危机感就渐渐丧失，更可怕的是，老板也失去了危机感，放慢了奔跑速度，甚至直接停止了奔跑。

其实，这种情况是正常的，即便是微软这样的强势企业，也有人到中年、增长速度放慢的时候，也有被竞争对手追赶的命运。但是作为企业的老板，任何时候都不能没有危机意识。因为在这个市场竞争的浪潮中，企业就像一条逆流而上的船，你不前进，别人在前进，你就是在退步，你就会被淘汰。因此，你一定要记住最初的梦想，而不能满足于一时的成就。

市场风云变幻，危机时刻存在。在危机之下，如果老板丢掉了危机感，停止了奔跑，无异于等死，无异于等待别人把你淘汰出局。

危机是悬在每个企业头上的一把利剑，任正非前瞻性地提出了"华为的冬天"，然后又为华为找到了"艰苦奋斗"和"现金流"这两件

"过冬的棉袄"。华为趁着冬天,养精蓄锐,加强内部的改造,这为华为以后在国际市场上的大展拳脚奠定了坚实的物质基础和精神基础。

6. 淘汰是为了更好地发展

任正非说,在华为,员工之间要形成你追我赶的风气,通过竞争上岗,通过竞争定优劣,公司的人才也是通过竞争的方式脱颖而出的。华为实行绩效考核制、末尾淘汰制,这也体现了公司强调竞争的特点。同时,竞争也给企业带来了活力,提高了员工的工作积极性。

任正非在讲话中说:

生产要上去,干部要下去,可以多配车及其他工具,要全力支持海外市场的发展,研发的产品一定要满足客户的需求。表面上看,我们不去做客户关系,停下来还能省几个亿的费用,动起来还要多花汽油费。但不能这样算成本,军队如果这样算成本,战时就毫无战斗力,都会不堪一击的。没有过去的持续投入,今年海外市场怎么可能有巨额的增长,海外市场给我们在困难时期增加了多大的信心和力量!所以,如何在市场低潮期间培育出一支强劲的队伍来,这是市场系统一个很大的命题。要强化绩效考核管理,实行末位淘汰,裁掉后进员工,激活整个队伍。

我们贯彻末位淘汰制,只裁掉落后的人,裁掉那些不努力工作的员工或不胜任工作的员工。我们没有大的结构性裁员的计划,我们的财务状况也没到这一步。和竞争对手比起来，我们的现金流还是比较好的，可以支持我们在冬天的竞争。

实行末位淘汰制，裁掉一些落后的员工也是有利于保护优秀的员工，我们要激活整个组织。大家都说美国的将军很年轻，其实了解西点的军官培训体系和军衔的晋升制度就会知道，通往将军之路，就是艰难困苦之路，西点军校就是坚定不移地贯彻末位淘汰制度。

有人问，末位淘汰制实行到什么时候为止？借用GE的一句话来说就是，末位淘汰是永不停止的，只有淘汰不优秀的员工，才能把整个组织激活。

GE活了100多年的长寿秘诀就是"活力曲线"，而活力曲线其实就是一条强制淘汰曲线，用韦尔奇的话讲，活力曲线能够使一个大公司时刻保持着小公司的活力。GE活到今天得益于这个方法，我们公司在这个问题上也不是一个三五年的短期行为。但我们也不会急于草草率率对人进行评价，这个事要耐着性子做。

末位淘汰制是绩效考核的一种制度，是指工作单位根据本单位的总体目标和具体目标，结合各个岗位的实际情况，设定一定的考核指标体系，以此指标体系为标准对员工进行考核，根据考核的结果对得分靠后的员工进行淘汰的绩效管理制度。

某大型国企的李总所在的这家企业以前是省纺织工业厅直属的一家大型纺织厂，五年前虽然改制成为公司，但是内部管理的各项体制还是与原来计划经济时代的一样，突出表现在人浮于事，效率低下，干部能上不能下、员工能进不能出，与此对应的是产品成本居高不下，市场占有率日益萎缩。

李总下定决心改变现行的人事管理制度，在参考了很多国有企业以及政府机关的做法之后，末位淘汰制被当作一件法宝引入了企业的人事制度中。该制度规定，每年年底对所有员工进行360度评价，将各部门360度评价中得分名列最后10%的员工进行淘汰。

实行末位淘汰制后，李总感觉效果很明显。一大批平日里表现不好的员工得到处理，员工的工作积极性有了很大的提高，工作拖拉的现象有很大好转，公司在市场上的表现也有很大起色。

这是一个"末位死亡"的故事，其实就是"适者生存"的"丛林法则"。很多企业中也存在着相似的"末位淘汰"的文化。

任正非曾明确提出，华为的员工每年要保持5%的自然淘汰率。很多人也都曾对这一制度提出质疑。不光是企业，任何一个组织都必然存在落后者，但这些落后者之间是存在绝对和相对之分的。有人认为，对于那些相对的落后者而言，他们也很优秀，被淘汰是否可惜了？然而，这一制度的意义不止是完成优胜劣汰的使命，关键是它能够促进员工之间的竞争，帮助员工不断地提升自己的能力。

任正非说：队伍不能闲下来，一闲下来就会生锈，就像不能打仗时才去建设队伍一样。不能因为现在合同少了，大家就坐在那里等合同，要用创造性的思维方式来加快发展。军队的方式是"一日生活制度、一日养成教育"，就是要通过平时的训练养成打仗的时候服从命令的习惯和纪律。如何在市场低潮期间培育出一支强劲的队伍来，这是市场系统一个很大的命题。要强化绩效考核管理，实行末位淘汰，裁掉后进员工，激活整个队伍。

1995年，随着自主开发的C&C08交换机占据国内市场，华为的年度销售额达到15亿元，华为结束了以代理销售为主要赢利模式的创业期，进入了高速发展阶段。而创业时期的一批管理"干部"，许多已经无法跟上企业快速发展的需要，管理水平低下的问题，成为制约公司发展的瓶颈。

任正非解决这一问题的方式是所谓的"集体辞职"。1996年1月，华为市场部所有正职干部，从市场部总裁到各个区域办事处主任，都要提交两份报告，一份是述职报告，一份是辞职报告。在竞聘考核中，包括市场部代总裁毛生江在内的大约30%的干部被替换下来。

此事当时被竞争对手评价为"炒作"，但事实上，在1996年通信市场爆发大战前夕，华为市场体系高达30%的人真的下岗了。公司发展需要变革，但变革难免有阻力，最大的阻力来自现有组织的惯性。任正非的这一举措让华为人明白："在市场一线捕杀的人，不允许有思想上、技术上的沉淀。必须让最明白的人、最有能力的人来承担最大的责任。"

不过，任正非也深知"恩威并施"的重要。每年华为会从一线撤换下来很多人，这些人可调往海外市场或升迁、转岗、内部创业。其中内部创业就是鼓励员工出去创办企业，华为可免费提供一批产品供员工所创公司销售。

据说，免费提供的产品价值＝员工所持华为内部股×1.7。2000年年底，曾被认为是任正非接班人的李一南离开华为，创办了做数据通信产品的北京港湾公司。据透露，华为当时给了他不小的支持，其中之一就是将他持有的华为内部股兑换成相应的华为数据通信产品。北京港湾成立第一年销售额就以数亿元计，而现在，北京港湾已成为华为的竞争对手。

任正非说："市场部集体大辞职的壮举，开创了华为公司内部岗位流动制度化，使职务重整成为可能。"

任正非认为，淘汰是为了更好地发展，不管是对个人还是对公司。实行末位淘汰既是对优秀员工的保护,也是对相对处于劣势员工的激励和培养。在华为,被淘汰的员工并没有都被解雇,他可以选择再培训,也可以进行"内部创业",华为依然为他们搭建了一个不错的平台。

任正非说过:由于市场和产品已经发生了结构上的大改变,现在有一些人员已经不能适应这种改变了,我们要把一些人裁掉,换一批人。因此每一个员工都要调整自己,尽快适应公司的发展,使自己跟上公司的步伐,不被淘汰。只要你是一个很勤劳、认真负责的员工,我们都会想办法帮你调整工作岗位,不让你被辞退,我们会在尽可能的情况下保护你。但是我们认为这种保护的能力已经越来越弱了,虽然从华为公司总的形势来看还是好的,但入关的钟声已经敲响,再把公司当成天堂,我们根本就不可能活下去。因为没有人来保证我们在市场上是常胜将军。

末位淘汰并不只是针对员工,对干部也是一样的。任正非指出,淘汰制度有利于干部队伍的建设。在员工的监督下,干部会更有压力,但同时也会更好、更有效地行使权力。而干部之间的竞争,更会让他们将不断提升自己作为发展目标。这样一来,干部的能力和表现都会有所提升,从而更有效地促进公司的发展。

末位淘汰的核心是激发员工的危机感,目的是提高人均效益。如果你不能让自己变得更优秀,那么,你随时都有可能被淘汰出局。用竞争的艺术来鞭策员工,无疑是促进企业前进的一个强大推动力。

7. 把危机意识传递给每一个员工

我国古书《兵经百言》上有言："目前为机,转瞬非机;乘之为机,失之无机。"如何转危为安,扭转乾坤,化被动为主动,是创业者管理企业的制胜之道。危机,可以是陷阱,也可以是推动企业发展的助推器,好的处理方式将更有助于巩固品牌形象,扩大市场销售。失之东隅,也可能收之桑榆。

只有长存危机意识,才能在危机发生的最初时刻就做好一切工作,以最快的速度、最高的效率应对危机。每当公众关注某一事件之时,公众的尺度往往较平时更为苛刻。因而,解决危机只有采取比平时更为严厉、更为迅速、更为强有力的措施,才可能在公众面前赢得信任,昭示诚意。力度法则是态度法则的必要补充,也是问题最终获得解决的关键点,但不应当做出不切实际、无法实现的允诺。

任正非在《华为如何度过冬天》一文中说:

我肯定地说,我同你们在座的人一样,一旦华为破产,我们都一无所有。所有的增值都必须在持续生存中才能产生,要持续发展,没有新陈代谢是不可能的。包括我被代谢掉,都是永恒不变的自然规律,不可抗拒的,我也会以平常心对待。

据美国公关专家对部分著名公司的调查,80%的企业管理者认为,企业发生危机如同死亡、税收一样不可避免;有14%的企业承认,曾经经受重大的危机。危机对于企业来讲,绝不是偶然的不幸遭遇,而是一种普遍存在的状态。

当发现企业一片繁荣的时候，请记住繁荣背后的灾难会很快来临，调查表明85%的企业倒闭都是在前一年形势特别好，第二年公司突然倒闭的。

早在2000年互联网泡沫时期，马云已经感觉到了泡沫必将结束，互联网的冬天即将来临，他必须迅速做出决定。马云觉得自己在2000年运气特别好，突然感觉全中国人民都在做互联网，一个月至少在中国诞生1000家互联网公司。马云就觉得不对劲，好像炒股票一样，他认为中国还不具备这样的能力，做一个互联网公司很难，需要人才、需要技术、需要资金等，当有一个月诞生1000家互联网公司的时候，也一定会有一天出现一个月关闭1000家互联网公司的时候。很快，阿里巴巴就召开了一个会议宣布公司进入紧急状态，比其他大公司提前六个月做了裁减，关闭很多部门，开始把办事处关闭。

马云的这种危机意识帮助公司成功地度过了互联网的冬天。

"危"是危险、危难，"机"是机遇、时机，危机则是企业发展过程中的一把"双刃剑"。要让这把"双刃剑"扬长避短，最大限度地使它向有利于自己的方向转化，则必须坚持三个原则：

第一，当危机发生时，将公众的利益置于首位。要想得到长远利益，公司在控制危机时就应更多地关注消费者的利益而不仅仅是公司的短期利益。

第二，当危机发生时，局部利益要服从组织全局的利益，危机可能由局部产生，但危机的影响则是全局性的，因此在危机处理中要有全局的观念，要懂得从全局的角度考虑问题，局部利益要服从组织全局的利益。

第三，当危机发生时，组织应立即成为第一消息来源，掌握对外发布信息的主动权。如果作为第二或第三消息来源，则会陷入被动。

危机随时都有可能降临到每一个企业的头上，而且具有无法估量的破坏性，这是任何危机都有的基本特点。认识不到这点，心中没有长存危机意识，一旦危机到来，企业势必会措手不及，疲于招架，甚至狼狈不堪。想要游刃有余地面对危机、战胜危机，最为重要的就是要有危机意识，以及对危机的正确认识。

企业危机的破坏性大致有两种形式：其一是渐进性破坏，其二是急剧性破坏。前者的典型案例是福特汽车公司，其衰落期长达30年；后者的典型案例是20世纪80年代美国碳化物联合公司在印度博帕尔工厂的泄毒事故，造成2000人死亡，10多万人受伤，这为该公司招致了赔偿达上亿美元的诉讼案件。

很多时候，企业危机都是突然爆发，在其爆发前没有任何显性征兆，或虽有预示，但因企业组织或管理原因却未能引起注意，故而显得突然。如果我们心中长存危机意识，能够注意到任何危机到来的微小前兆，则不会被危机打个措手不及。另外，与企业环境密切相关的外部环境突变，如政治原因造成的危机，包括战争、经济政策调整、在外国投资的公司被国有化或被没收等，也会引起突发性的危机。

很多危机在发生之前会有一定的征兆，企业创业者只要稍微留神，便能预见。可预见的危机有两种情况：一是企业内部原因，可以自行控制，消除了危机隐患，实际上就走出了危机状态。但如果未能预见并加以防范，则迟早会出现危机结果。二是宏观环境的变化，企业不能控制，因而也难以避免，但可设法减弱或转移危机的破坏。

很多创业者的企业，在今天可能有很好的赢利能力，但明天也许就将面临着破产。其中的原因有很多，但归根结底都是因为没有足够的危机意识，没有做好足够的准备工作。例如经济危机来临，很多企业订单一下没有了,如果没有足够的现金流支撑下去,那就只能关门了;或者是原来的经营模式是不错的,但突然市场中出现了更加有效的经营模式,而企业却没有适应新的经营形式,那么企业就只能被淘汰出局;或者遭遇突发事件,被供货商牵连了,企业没有生产原料等。

以下应对危机的策略,创业者可以借鉴:

一是建立危机预警机制。如何应对企业危机,是企业战略的重要组成部分。企业家在经营好生产研发、推广营销、资产管理、队伍建设等重要工作的同时,还要重视危机管理问题,最大限度地减少消极影响。可以运用科学的技术和方法,建立危机监测、预报、控制的机制,对企业生产经营过程中的内外部变数进行分析,设立警情指标,及时掌握企业危机的第一时间资讯,分析和推测危机的类型及其危害程度,提出应对措施,赢得危机处理的时间和主动。

二是建立危机指挥体系。一般在危机出现后,企业公关部门应首先配合董事会成立危机公关小组,制定出危机公关处理的应对策略。小组人员主要由公司最高层亲自负责,董事会秘书或者公司的公关部经理作为企业的对外新闻发言人,进行相关的信息沟通。

三是调查事实,建立由专家参与、集中公关、行销、安全、总务、财务、法律等各方面优秀人才组成的专门危机管理小组,有效整合各类资源。当危机事件发生后,迅速深入现场,调查摸清有关事实情况,了解相关人员的思想意识、心理状态,掌握指挥控制、物质装备、组织保障等基本情况,寻找最佳方案。

四是认真化解矛盾。分析对策措施,设计解决方案,应对公众和媒体,组织具体行动。让公众在最短时间内感受企业的态度和行动,取得社会谅解,使危机顺利化解。

在企业中树立危机意识,让每名员工都能带着危机感工作是保持企业活力的重要手段。常言道："一个具有强烈忧患意识的民族，才是一个有希望的民族。"同样，一个具有忧患意识的企业，也一定是一个充满着希望的企业。激励专家认为，有效地树立员工的危机意识，有以下几点方法：

①向员工灌输企业前途危机意识。创业者不断告诉员工，企业已经取得的成绩都只是历史，在竞争激烈的市场中，企业随时都有被淘汰的危险。要想规避这种危险，道理只有一条，那就是全体员工都努力工作，才能使企业更加强大，永远处于不败之地。

②向员工个人灌输他们的个人前途危机。企业的危机和员工的危机是连在一起的，所以，所有员工都要树立"人人自危"的危机意识。无论是公司领导还是普通员工，都应该时刻具有危机感，这样，员工才能主动营造出一种积极向上的工作氛围。

③在企业内部积极开展自我竞争、自我淘汰。企业要靠科学化的管理，也要靠经营者科学经营。如果企业能针对危机和企业经营出现的问题，采取各种针对性措施，就能在行业或者整个大环境不景气的情况下破除灭顶之灾，从而得以继续发展下去。

第三章

高薪酬激励人才，"低重心"培养人才

1. 人才是企业最大的财富

华为启用与众不同的人才战略，不唯学历不唯经验，而是看能力和潜力。这完全是西方式的人才管理理念，也形成了华为的人才管理的一大特色。

任正非说："以贡献评价员工，而不是以知识来评价员工，这是企业评价体系和价值分配体系公正性和公平性的客观基础。"他们更为重视的是员工的发展潜力和贡献，而不是学历和经验。

任正非经常说，"年龄小，压不垮，有了毛病，招来提醒提醒就改了。"他能够根据人的能力大小不拘一格降人才。

华为不仅提拔了许多高学历人才，也提拔读函大的高中生，也重用经多年工作积累而成才的工程师。有学历、有知识是优势，没有学历的也不自卑。华为不考理论，而考作业能力。这种考核机制将促使员工更努力去创造更好的业绩。

著名的企业管理学教授沃伦·贝尼斯说："员工培训是企业风险最小，收益最大的战略性投资。"

华为就非常注重员工培训的环节。新员工上岗前，按照学历、成绩等因素确定；培训合格正式上岗后，员工的工资按照对公司做出的贡献来评价。

华为倾向于选择刚走出大学校门的学子作为新员工，他们年轻，充满着激情和活力。这时候培训就成为了重要的环节，培训可以挖掘出他们的潜力。任正非说："华为最大的优势和劣势都是年轻，因为年轻，充满生命活力；因为年轻，幼稚病多，缺乏职业化管理。"

华为建立了完善的员工培训体系。华为员工培训体系包括新员工培训系统、管理培训系统、技术培训系统、营销培训系统、专业培训系统、生产培训系统。培训的主要方式有：课堂教学、案例教学、上机操作、工程维护实习和网络教学等。在华为，不但员工上岗前进行培训，还有岗中培训和下岗培训。适时的培训为员工的发展创造了更广阔的空间。

新员工培训的大致过程是：第一步是接受企业文化及相关的制度法规等综合性培训，这一环节是教怎样做人。通过普通员工和高层领导的现身说法，"让你知道公司的理念，公司的做人方式。"

然后是进一步的技能培训。做市场进入培训一营，不是教授销售技巧，而是教授产品。从通讯原理开始，直到工厂参观。光知道技术还是不够的，3个月后，把新人派到"用户服务"前线去，到地方上和用户服务工程师一起干，切实把握客户在想什么，3个月之后再调回总部。进入二营，学习市场和客户服务，观看胶片和VCD，详细听老师介绍，彼此交流，还被放到客户服务展厅，向客户讲解产品，等等。

在培训过程中,依据不同的岗位,员工还会接受各种不同的考验。在整个培训过程中,新员工主要是学习,仅仅这一项培训投入花费就很庞大。但是通过全方位的培训,大大地挖掘了华为人的潜力,工作效率迅速提高。

华为因此每年在员工培训方面开支庞大。华为在全国各地甚至海外都建立培训基地,除了基地培训以外,还有员工之间的相互培训,此外还建立了思想导师制度。

华为不轻易裁员,对于不合格的员工进行下岗培训,合格后再上岗。华为的员工葛剑就经历过一段下岗培训的岁月。2000年,在他自认为工作上有所进步的时候,收到了培训通知。他后来还是接受了这一决定。在这期间他接受了众多辅导老师的帮助,又到工厂参加了5周的生产。培训结束后,他又回到工作岗位。他的进步很快,工作效率比起培训前已经提高了很多。

华为设立的培训对象范围很广,不仅针对本公司的员工,还包括客户方技术维护、安装等人员;不仅在国内进行,在海外基地也开展。同时,还建立网络培训学院,培养后备军。华为还为客户主动提供技术培训。这样做既提高了客户的自我维护水平,也为华为占领了更多的市场份额。虽然华为因此而投入了巨额资金,但是起到了事半功倍的效果。

华为进入快速扩张期后,对员工的需求量也陡然增加。此前,华为一直是通过人才市场招聘员工的。但随着企业的发展,这种方式已经难以满足公司获取人才的需求了。华为开始改变策略,把目光盯在了各大高校上,开始实行新的人才招聘计划。为此,华为在北京、上海等大城市的主流媒体上大做广告,也在各著名高校里举办专场招聘会。

人才本就是市场竞争的重要环节，因而各企业之间自然也免不了拼抢一番。许多年前的清华就上演了这样一幕，华为和中兴两大企业在这里展开了一场人才争夺大战。

1998年10月中旬，中兴通信来到清华大学，准备在这里招募人才。然而，当时校方怕过早的招聘信息会对学生的学习产生影响，故而没有让中兴即时举办招聘会，而是在研究生学院举行了一个简单的见面会。见面会上，中兴被研究生学院的领导告知，11月份的时候才能来进行招聘，中兴只好暂时"空手而归"。

然而，华为也盯上了这块"肥肉"，其招聘团队在10月27日这天就进了清华园。10月31日，华为正式举行招聘会。招聘会上，招聘人员告诉大家，被选中的学生11月8日就可以签约，而之前的7天主要进行初试和复试。

11月1日，中兴的招聘团队再次来到清华大学，这时他们才发现被别人抢了先。于是立即增加人手，将负责招聘的工作人员派到学生宿舍里面去进行宣传。由于受到华为的影响，中兴的招聘会开得很匆忙，当场就签下了四十多人。

当时，很多人已经同中兴签了约，但却仍然出现在了华为公开发布的录用名单上。面对这种情况，双方都不肯让步，就此展开了直接交锋。

华为一方认为，有些学生虽然已经与中兴签订了协议，但协议上并没有单位的公章，并不具备法律效力。所以，学生们有重新选择的权利。而中兴一方则声称："如果与我们签署的协议没有法律效力，我们明年就不再来招聘了。"就这样，两家公司在清华你来我往，展开了一场激烈的论战。

最终，华为还是成功地挖到了欲与中兴签约的七八个人。

　　与中兴的这场"抢人"大战又一次让人们看到了华为的"狼性"风采,在当时来看也是华为一向的做事风格。但更重要的是,华为让社会大众看到了它对人才的渴求,这对吸引更多的优秀人才有着重要的意义。

　　那么,华为为什么能够在"人才争夺战"中屡屡获胜,在全国范围内的各大高校网罗到优质的毕业生呢?除了人们对华为的认同之外,这主要得益于它使出的"杀手锏"——高薪。用华为的说法来讲就是,他们提供的是"有竞争力"的薪酬待遇。

　　相比之下,华为的待遇的确要比其他公司高出很多,对刚毕业的大学生而言也确实很优厚。2000年,华为在南开大学招聘时给出的是"月薪不低于4500元"的承诺。据统计,当时在华为,学士的月薪是7150元,年终大概有10万～16万元的分红,双学士月薪是7700元,硕士是8800元,而博士则达到了10000元。就当年的情况来看,这个薪资水平要比深圳一般的公司高出15%～20%。

　　华为优待员工不只体现在高额的工资上,它还提供了很多人性化的福利。比如,身在外地的新员工到华为报到时,期间花费的火车硬卧车票、市内交通费、体检费等都由公司来承担。对于个人来说,这可能只是一笔不足挂齿的小额费用,但对华为来说却是一笔不小的开销,因为华为一次性招聘就可能高达数千人。

　　另外,每一位新员工报道后都要接受公司统一的培训,而正式上岗前的培训期间,他们的工资和福利照发不误,大部分企业一般都没有这样的待遇。

　　华为对新员工的投入不止这些,长年设置的各种培训费用支出,培训场所的建设、维护等都是大笔开支。由此可见,华为对人才的需求和重视。相比之下,应聘者也更愿意为这样的企业服务。

在任正非看来,华为就是典型的"三高"企业——高效率、高压力、高工资。而且他认为,能够把白纸一样的毕业生培养成为可以在市场或研发上独当一面的、成熟的、优秀的员工,是一笔相当合适的投资。

任正非曾说:"2000年后华为最大的问题是什么……是钱多得不知道如何花,你们家买房子的时候,客厅可以小一点,卧室可以小一点,但是阳台一定要大一点,还要买一个大耙子,天气好的时候,别忘了经常在阳台上晒钱,否则你的钱就全发霉了。"一位摩托罗拉的员工曾就华为的这种人才战略感慨道:"摩托罗拉要挖华为的人很难,可华为要挖我们的人就容易多了。"可见,华为的高薪"法宝"有着怎样的杀伤力。但这并不意味着进入华为就一定会有高收入,要根据贡献而定。

宝洁公司总裁理查·杜普里说:"假如你夺走宝洁的人才,却留下金钱、房屋及品牌,宝洁将会失败;假如你夺走宝洁的金钱、房屋及品牌,却留下人才,10年之后,又会有一个宝洁。"比尔·盖茨也说:"把我们顶尖的20个人才挖走,那么我告诉你,微软会变成一家无足轻重的公司。"华为对人才的依赖也是如此。人才是华为的核心竞争力,为华为注入了无穷的活力。所以,华为在人才管理上不遗余力,汇聚企业的最大财富。

2. 股权激励,吸引和保留人才

在世界500强企业中,华为是唯一一家全员持股的非上市公司。

让全员持股,华为这一大胆的决定在国内民营企业中绝对属于一大创举。也有很多人发出质疑,认为这一举措太过冒险。然而,任正非却并不这么认为。

他说:"公司的竞争力成长与当期效益的矛盾,员工与管理者之间的矛盾,这些矛盾是动力,但也会形成破坏力,因此所有矛盾都要找到一个平衡点。管理者与员工之间矛盾的实质是什么呢?其实就是公司目标与个人目标的矛盾。公司考虑的是企业的长远利益,是不断提升企业的长期竞争力。员工主要考虑的是短期利益,因为他们不知道将来还会不会在华为工作。解决这个矛盾就是要在长远利益和眼前利益之间找到一个平衡点。"

华为的全员持股计划(ESOP)是1997年建立的,但内部股权激励计划早在1990年就开始了,华为发展至今已经经历了四次较大规模的股权激励计划,都是针对华为的员工开展的。

华为从1990年起开始实行员工持股制度,让员工享受公司的资本增值。华为发放年底奖励时,同时会授予在此工作超过一年的骨干员工一定数量的股权认购额度,员工可按照自己的意愿购买股权并按照规定获得分红。股份不允许在员工之间进行买卖,员工离开公司时,华为会对其股份进行回购。

华为的股权激励计划几乎都发生在企业困难时期,并且几次扭转了华为紧张的局面,带领华为走出困境。

第一次实行股权激励时,华为正处在创业之初的艰难时期,拓展市场、扩大规模以及加大科研的投入等都需要大量的资金,可当时的民营企业融资是很困难的,所以华为选择内部融资。这样,华为既不需要支付利息,降低了财务上的风险,又可以惠及公司内部员工,增强员工的归属感,激发员工的工作热情。

当时股价为每股10元,15%的税后利润用来进行股权分红。那么,员工的报酬就由工资、奖金和股权分红三部分组成。

第二次股权激励是2000年IT业泡沫时期,也是华为遭遇的史上第一个冬天。当时业界正遭受毁灭性的打击,融资极其困难。于是,2001年年底的时候,华为再次搬出股权政策。不过这一次,华为进行了期权改革,推行的是虚拟受限股。

也就是说,华为员工购买并持有的均为虚拟股票。他们享有分红权和股价升值权,但没有所有权和表决权。股权不能转让或出售,员工离职后也会自动失效。老员工的股票最后也要转化为期股,而员工们的主要股权收益也不再是固定的分红,而是与期股相对应的公司净资产的增值部分。另外,员工所获期权的额度要以公司的评价体系为依据,且行使期限和兑现额度都有限制。

两年过后,华为尚未走出泡沫经济的影响,就赶上了"非典"对海外市场出口贸易的打击,同时还要面临与大企业思科之间的产权官司纠纷。除了自愿降薪运动,华为再次发起了股权激励计划。为了稳住员工,渡过企业难关,华为将配股额度放大了很多,同时将参股权更多倾向于骨干员工,而且兑现方式也发生了很大改变。

在上一次的股权改革中,员工每年的股权兑现额度被限定在了四分之一,而这一次,对于持股较多的员工可以兑现的比例还不到十分之一。此次配股还多了一项规定，即员工的股权在三年内不允许兑现，这三年内员工一旦离开公司，将享受不到任何股权待遇，即所持股权作废。这一次改革，表面上使员工的利益受损了，但却成功地带领华为走出了困境，实现了销售业绩和净利润的突飞猛涨。

2008年，美国次贷危机引发了全球经济危机，世界范围内的企业都或多或少地受到了波及。华为第四次采取股权激励措施应对危机，推出"饱和配股"。

这次配股几乎涉及所有工作满一年的华为员工，但持股量按工作级别进行匹配，且设定了持股上限。对于已经达到持股上限的老员工，则不再参加配股。

全员持股的计划可以说是"前无古人，后无来者"，但却成功地将华为带上了成功之路。这一措施将员工个人与企业的未来紧密地联系在了一起，可谓是"一荣俱荣，一损俱损"，双方形成了利益共同体。员工参股后，他的努力既是为了公司也是为了个人，目标就是实现公司的发展和个人财富的增值。通过内部融资的方式，在缓冲公司现金流紧张局面的同时，还可以增强员工的归属感，保持队伍的稳定性。如果员工缺少购买股权的资金，公司还会为他们提供贷款的担保，以确保每位员工的参与性。

当员工成为企业的主人后，"为人打工"的顾虑就会减少，而这正是推动企业不断向前发展的关键。

四通集团联合创始人段永基曾经问过任正非，是否担心自己所持股份太少而被推下台。而任正非的回答也一如既往地出乎人们的意料："如果他们能够联合起来把我赶走，我认为这恰恰是企业成熟的表现。如果有一天他们不需要我了，联合起来推翻我，我认为是好事。"

3. 以"英雄"的标准要求员工

1988年华为创业之初，任正非手上只有两万多元资金，员工也只有十几个，如果没有第一代人的艰苦奋斗，不计较低微的薪水，华为是无法发展起来的。因此，任正非经常在公开场合表达对那些默默付出的华为人的感激，他也提出"吃水不忘挖井人"的观点。当华为在销售额上创造了一个又一个的辉煌后，员工的薪酬也得到了大幅度的提升，如公司让每个员工持有公司股份，实行年终分红的制度等，都是任正非对于创造了今天的华为的"英雄"的回报。

然而企业不能只靠着元老存活，华为想要走下去，还需要更多的新鲜血液，更多继承了"英雄"血液的年轻人；元老也不能依靠着过去的功勋活下去，元老想要获得更大的发展、做出更大的贡献，还需要不断为自己"充电"，跟上时代的步伐。

基于这种考虑，任正非提出了"呼唤英雄"的口号，旨在号召每一名华为的员工，不管在什么岗位上都能够以"英雄"的标准来要求自己，以"英雄"的目标鞭策自己，同时希望华为的功臣们能够不断前进，一如既往地推动华为的发展。

在《华为呼唤英雄》一文中任正非提到：

我代表公司，深深地感谢各条战线上涌现出来的英雄。没有他们的奉献精神就没有我们今天的事业。但是，我们也应当看到，英雄是有一定时间性的，今天的成功不是开启未来成功之门的钥匙。要永葆英雄本色，就要不断地学习、戒骄戒躁、不断超越自我。我们要特别给从前方回来的员工提供更多的培训机会，改进培训的手段，大力发展电化教学,使公司各种好的培训能普及每一名员工。我们任何一个到前方去的技术与管理人员,都至少要抽一个小时在办事处讲一课。做不到这一点的,考核中的团结合作,就要打折扣。每一个市场人员,都要利用点滴时间自我培训,每天、每时,与每一个人打交道,都是受着不同方位的培训。我们提倡自觉地学习,特别是在实践中学习。自觉地归纳与总结,就会更快地提升自己。公司的发展,给每个人都创造了均等的机会。英雄要赶上时代的步伐,要不断地超越自我。

历史呼唤英雄,当代中国更迫切地呼唤英雄,华为青年应该成为这样的英雄。谁能说今天的土博士,不会是明日的世界英才。我国只有在教育、文化、科技方面领先,才能走出让人欺辱的低谷。有志的中华儿女,应该献身于祖国的事业。

公司的总目标是由数千数万个分目标组成的,任何一个目标的实现都是英雄的成功。我们不要把英雄神秘化、局限化、个体化,无数的英雄及英雄行为就组成了我们这个强大的群体。我们要搞活我们的内部动力机制,核动力、油动力、电动力、煤动力、沼气动力……它需要的英雄是广泛的。由这些英雄带动使每个细胞直到整个机体产生强大的生命力,由这些英雄行为促进的新陈代谢,推动我们的事业向前进。

因此,华为公司不会只有一名英雄,每个项目组也不会只有一人成功。

每一次小的改进,小组都开一个庆祝会,使每个人都享受到成功的喜悦。你也可以邀请更多一些人参加,让更多人知道。当你乐滋滋的时候,你就是你心目中最崇拜的英雄。不要因为公司没有发榜,就以为英雄不存在。公司的管理总是跟不上你的进步,不要因为它的滞后而否定了你。即使发榜也只会选择少数代表,也不要以为没有被列入，你就不是英雄。是金子总会发光的，特别是在湍急的河流中。高速发展的华为公司给你提供了更多的机会，在团结合作、群体奋斗的基础上，努力学习别人的优点，改进自己的不足，提高自己的合作能力与技术、业务水平，发挥自己的管理与领导才干，走向英雄之路，做一个从没得到过授勋的伟大英雄。

职场中的每一个人都应当从这一观点中得到启发。并不是为企业争取到了千万的订单，或是为企业研发出举世瞩目的产品才能被称为企业的英雄，尽职尽责、每天都比前一天有所进步，这样的员工同样是企业的英雄。

尽职尽责、脚踏实地地工作是成为英雄的前提。松下幸之助指出："坦率地讲，我并没有那么长远的规划。珍视每一个日日夜夜，做好每一项工作，这是我今天辉煌的秘诀。当年，我并没有要兴建一座大工厂的远大规划。创业初期，一天的营业额仅仅一日元，后来又企盼一天的营业额增为两日元，达到两日元又渴求增至三日元，如此而已，我们只不过是热心地努力做好每一天的工作。让青年胸怀大志的确是桩好事，然而，为了达此目的，需要日积月累，要珍视每一天的每一件工作，由此而循序渐进地有所长进，最终才能成就伟大的事业。"

想要做出成绩很难，甚至想要做好本职工作都不是一件容易的事情，这一切只有在脚踏实地的工作中才能得以实现。许多浮躁的人都曾经有过远大的志向，却始终无法实现，最后只剩下牢骚和抱怨。

有的人刚步入职场，就梦想明天当上总经理；刚创业，就期待自己能像巴菲特一样富有。要他们从基层做起，他们会觉得很丢面子，甚至认为是大材小用。尽管他们有远大的理想，但缺乏专业的知识和丰富的经验,缺乏脚踏实地的工作态度,注定也将一事无成。

因为当今社会的浮躁和急功近利,有不少人每天都在想办法寻求成功的捷径,一行动起来,就尽可能地钻空子、占便宜,而不愿踏踏实实地按照正当的程序去做,到头来丧失了更多的自我发展的可能。于是有不少人发出这样的感叹:现今的社会太浮躁,能够务实发展的人实在太少了。事实上,务实是敬业员工必备的素质,也是实现梦想、成就一番事业的关键因素,自以为是、自高自大是务实的最大敌人。没有务实,何谈敬业?员工要克服浮躁心态,进入"务实工作状态",并在这个过程中实现企业和员工的共同成长。

希望职场中的每一名员工都能记住,想要成为英雄,首先要尽职尽责地做好自己应该做的事,踏踏实实、切忌浮躁。珍视每一天,认真做好现在的工作,做一名优秀的士兵,才能逐渐积累自己的经验,磨炼自己的能力,增长自己的学识,从而获得更好的发展,获得你想得到的荣誉。

4. 重视每一位员工的价值

树立"英雄"的榜样可以有效地激励员工,但任正非并不希望员工放大个人英雄主义色彩,他更期待的是集体英雄的涌现。

任正非的英雄思想确实带领华为走过了创业初期的艰难阶段,但在企业管理过程中,他并没有将这种理念贯彻始终。这并不是计划之内的结果,而是企业探路发展过程中的一种必然趋势。那么,任正非是从什么时候开始不再强调英雄的作用?又是什么让他做出这样的改变呢？

无论是个人还是组织，其成长都是要付出一定的代价的。如果"不谈英雄"对于华为来说是一种成长的话，那么，这种认知的获得必然是付出代价的结果。

对华为有一定了解的人，对李一男这个名字一定不会感到陌生。华为的起步阶段英雄色彩正浓，因而那也是一个英雄辈出的特殊时期，李一男不得不算作其中之一。李一男的才华深得任正非的赞赏，且成了华为的"开国元勋"。华为能够有今天，李一男也是功不可没的。但是，李一男却未能与华为一起走下去。

2000年，李一男离开华为自立门户，成立了北京港湾网络有限公司，与华为成了竞争对手。然而，李一男的创业之路并不顺利，几年内连续遭遇了业绩滑坡、融资上市受阻以及并购失败等窘境。六年后，李一男带着他的港湾网络重回华为的怀抱。任正非依然委以重任，李一男就此担任华为EMT(经营管理团队)之外的"华为副总裁兼首席电信科学家"一职。两年后，李一男再度离开华为，成为百度首席技术官，之后加盟中国移动。李一男在事业上起起伏伏，华为最终也没能成为他的归宿。

既然说到了李一男，那么，在华为另一个不得不提的功臣便是郑宝用。他一直追随任正非创业，是任正非的左右手。在李一男离开不久后，郑宝用的身体便出现了比较严重的问题。郑宝用一度卧病不起，给华为带来了不小的难题。

至此，任正非开始了深刻的反思。很早以前，他还经常将郑宝用与李一男作为典范，在企业内部进行广泛的宣传。但当华为陷入困境的时候，任正非发现，个别的英雄并不能成为华为发展下去的动力。企业的发展需要专业化、职业化的管理体系，而不是靠一两个人来支撑。

任正非曾经发表过一篇题为《无为而治》的文章，其中写道：

华为曾经是一个"英雄"创造历史的小公司，正逐渐演变为一个职业化管理的具有一定规模的公司。淡化英雄色彩，特别是淡化领导人、创业者的色彩，是实现职业化的必然之路。只有职业化、流程化才能提高一个大公司的运作效率，降低管理内耗。第二次创业的一大特点就是职业化管理，职业化管理就使英雄难以在高层生成。公司将在两三年后，初步实现IT管理，端对端的流程化管理，每个职业管理者都在一段流程上规范化地运作。就如一列火车从广州开到北京，有数百人搬了道岔，有数十个司机接力，不能说最后一个驾车到了北京的就是英雄。即使需要一个人去接受鲜花，他也仅是一个代表，并不是真正的英雄。

任正非的这段话预示着华为个人英雄时代的终结，并清楚地表达了公司未来的发展方向——职业化道路。其实，这一转变并不意味着任正非完全摒除了他的"英雄情结"，也不是在否定企业英雄的意义，他只是想要建立一种不依赖于人的制度，他也看到了全体员工而不是个人在企业发展过程中所发挥的作用。他是不再宣扬英雄了，但他更期待的是华为能够快速进入人人皆英雄的时代。

《华为基本法》第一章核心价值观的第二条提到：认真负责和管理有效的员工是华为最大的财富。从此便可看出，华为需要的不再是个人英雄。任正非曾这样说过：

在时代面前，我越来越不懂技术，越来越不懂财务，半懂不懂管理,如果不能民主地善待团体,充分发挥各路英雄的作用,我将一事无成。从事组织建设成了我后来的追求,如何组织起千军万马,这对我来说是天大的难题。

这也是任正非在认识上发生转变的关键,他深刻地认识到,华为的成功最主要的是来源于员工和客户等众人的力量,而非个人的力量。

企业发展至今,华为曾经的英雄主义思想已经不再被提及,但是企业内外的个人崇拜还是难以避免的,特别是对任正非本人。一直以来,任正非似乎都是一个谜一样的人物,他低调的作风更给他这个人增添了许多神秘色彩。然而,这样的一个成功人士又怎么可能不引发人们的崇敬之情呢?但是,任正非早就有意淡化英雄色彩,他本身就反对个人崇拜。他意识到华为的生存靠的是全体员工,他也希望员工能够重视自身的价值。

有人称,华为的企业文化是独一无二的。对此,任正非同样不敢居功,他表示说:

(华为企业文化)不是我创造的,而是全体员工悟出来的,我那时最多是从一个甩手掌柜,变成了一个文化教员。业界老说我神秘、伟大,其实我知道自己名实不符。真正聪明的是十三万员工,以及客户的宽容与牵引,我只不过用利益分享的方式,将他们的才智黏合起来。

任正非曾努力破除员工对他个人的崇拜,他从来都是一个低调的人,因而也没有必要把功劳揽在自己的身上。在他看来,不是他成就了华为,而是所有的员工成就了华为,成就了他。任正非坚持认为,他的成功之处在于能够与众多的优秀员工一起工作。任正非曾形象地描述道:他是被优秀的员工"夹着前进",没有了退路后,他就不得不被"绑着""架着"往前走,而一不小心,他就被"抬"到了"峨眉山顶"。

很多人发出质疑:华为不再宣扬英雄,那特殊人才又将被置于何地呢? 其实这一点大可不必担心,这只是华为管理思维的一种转变,只是不再将树立"英雄"作为一种策略来实行企业管理,也并不意味着华为不重视人才。相反,任正非如今想要强调的是,华为倚重每一位人才,也重视每一位员工的价值。

华为淡化英雄主义色彩,进入终结英雄的时代,但它并不是要将英雄逼入"末路",而是迎向更美好的未来。

5. 务实为本的人才观

古人云:"得千金易,得一士难。"的确,不管是古代还是现代,人才对于任何一个集团来说都十分重要。在竞争激烈的现代商战中,人才可以说是企业成功最重要的资本和基础。不过,不同的企业因经营特点不同,对人才评价的尺度也不同。在华为,任正非一向注重人才的实际能力,以务实的态度来评价员工。他十分看重那些能踏踏实实做好"小事"的员工。那些能潜心做好本职工作的人,永远会得到奖励,赢得很高的评价。

1999年,华为员工杨玉岗在深入100A电源产品的实践中发现,该电源主变压器成本高、体积重量大,其磁芯全球只有某公司一家生产,全球也只有华为一家采用。于是,他和同事陈贵林一起对该电磁元件进行了技术改造,以消除独家供应商为突破口来降低成本。通过理论分析和多次实验测试,杨玉岗等人研究出了优化设计方案。这种方案减少了变压器的体积和重量,使每个变压器的成本由原来的750元降到350元,每年可为公司节约成本250万元,并对公司的产品战略决策提供了依据。对于这次小小的技术改进,任正非给予了很高的评价。他亲自点名,并对主要参与人员进行了奖励。

相反,那种没做好"小事"却满脑子做"大事"的人,在华为是很难有发展机会的。

比如,外界曾传有这样一件事:有一位员工刚入职华为,可能是想为公司做出更大的贡献或更多地展现自己的才华,他给任正非写了一份几十页的发展战略书。任正非看完后,把人事部门主管叫到面前说:"去查下这个人在哪个部门,看他是不是有病。如果有病,就送精神病院,没病就辞退。"

这件事不论是真有还是讹传,至少反映了华为务实为本的人才观。关于这一点,任正非有这样解释:"能提大建议的人已不是一般的员工了,也不用奖励。一般员工提大建议,我们不提倡,因为每个员工要做好自己的本职工作。不要老是想做出惊天动地的变革,而是要从小事做起,老老实实地把任务完成。"

基于这一点,在人才的培养上华为也十分务实。

在华为,任正非要求所有刚毕业的学生都得到基层去,但是公司会让他拿该拿的工资。大学生拿着工资到基层并非只是去体验生活。首先，基层一去就是数月甚至数年；其次，那个工作就是你的，只有把这个工作做好才能谈及其他，这同实习绝对不是一回事。大学生最初进华为时的确有个工作意向，比如说做市场、做研发。不过，华为不会去理会这些，先去装机，装完了再考核，考核合格也不一定就去做市场、做研发，还得经过综合评定。

在这一点上，没有学历之别。不管本科生、研究生，还是博士生都要过这关。比如，华为常务副总裁郑树生、高级副总裁徐直军最初进华为时都是刚毕业的博士，就是因为他们在一线开发时做出了杰出贡献后才被提拔的。否则，他们除了在实习期因博士身份工资稍微多些之外，与其他人没有什么两样。

另外，华为的所有干部都可能被下派到基层。而且到基层绝对是去任实实在在的职，从来没有任何虚衔让某些"领导"去体验生活。任正非说："蜂王想体验生活去当工蜂，那蜜蜂世界就乱了套了。"所以，"蜂王"去当"工蜂"的时候，它必须舍弃所有"蜂王"的殊荣。

松下集团创始人松下幸之助认为："人才可遇不可求，人才的鉴别，不能单凭外表，人才效应不能急功近利，领导者不能操之过急。"联想选拔人才则看重人才两方面的素质：一是诚信、正直的品质；二是踏实的工作状态。对此，联想集团柳传志的说法是："不仅需要具有创新意识的人才，更需要脚踏实地、认真做事的联想人。"如今，"务实"理念已渗透到华为人力资源管理的方方面面，华为人在任正非的带领下从实际出发，从小处着手，一步一个脚印地推动着企业发展的轮盘，向更长远的目标前进。

6."不要脸"才能进步

国人大多都是很爱面子的,平时不管多么邋遢的人,出门在外总会收拾打扮一下,尽量显得光鲜一点,否则就会觉得没有面子。对于中国人的"面子观",外国人很难理解,因为那是具有浓厚中国特色的东西。"面子"虽然保全在自己脸上,其实都是做给外人看的,决定权操在别人手上。如果没有外人看见,再邋遢也不算没面子。

可任正非对"面子"有着独特的认识:"面子是无能者维护自己的盾牌。优秀的儿女追求的是真理,而不是面子。只有'不要脸'的人,才会成为成功的人。"他的观念是:人,"不要脸"才能成功;企业,"不要脸"才能生存。

企业发生的任何一个危机事件,都经历过一个从无到有、从小到大、从轻微到严重的发展过程。很多企业高层会更多地关注企业的形象等"面子"问题,而对于关乎企业生存发展的管理体制、组织运作等"里子"问题不闻不问。最后往往因无法控制危机而濒临破产倒闭,其实这样的结局往往是在危机萌芽状态时没有引起企业领导者的足够重视所致。

万国证券曾经是中国最大的证券公司,当时资本市场上几乎无人不知,公司有个口号叫"万国证券,证券王国"。公司的创办人管金生拥有法国文学、商业、法律三个硕士学位和一个金融学博士学位,他领导下的万国证券以扩张速度和创新能力令万人瞩目。管金生也被尊称为"中国证券教父",风头出尽。但是在1995年的"三二七"国债期货交易中,万国证券一次性亏损20亿元。短短的8分钟,屡创奇迹的万国证券帝国分崩离析,昔日的辉煌灰飞烟灭。万国证券的悲剧强烈震撼了任正非,"高科技企业以往的成功,往往是失败之母,在这瞬息万变的信息社会,唯有惶者才能生存。"

为此,任正非在华为内部推行了以自我批判为中心的一系列组织改造和优化活动。任正非的这种自我批判不是为批判而批判,也不是为全面否定而批判,而是为优化和建设而批判。总目标是要提升公司整体核心竞争力。

任正非说:"为什么要强调自我批判?我们倡导自我批判,但不提倡相互批评。因为批评不好把握适度,如果批判火药味很浓,就容易造成队伍之间的矛盾。而自己批判自己呢,人们不会对自己下猛力,对自己都会手下留情。即使用鸡毛掸子轻轻打一下,也比不打好,多打几年,你就会百炼成钢了。自我批判不光是个人进行自我批判,组织也要对自己进行批判。"

在华为的内部例行的民主生活会中,不变的主题就是批判与自我批判。其中,自我批判的成分要多一些,因为华为人认为只有具备自我批判精神的人才能成长。任正非强调华为人的自我批判,不是只在领导面前,而且是在众多的同事面前,并且人人都要过这道关。

华为的民主生活会要求"刺刀见红",挠痒痒式的批判是根本过不了关的。华为这种"不要脸"的精神和行动,让员工把各自的主张和诉求通过组织的正规渠道有序地疏解了出来,人际关系在人们没有猜忌和隐瞒的轻松气氛中得到了进一步的纯洁。

华为的这种民主生活会能够支持组织实现工作目标,并且对组织工作绩效具有积极的建设意义,从管理的角度来说,这种冲突被称为建设性冲突。建设性冲突具有如下特点:冲突的双方都关心实现共同目标和解决现有问题;双方愿意了解彼此的观点,并以争论问题为中心;双方争论是为了寻求较好的方法解决问题;相互信息交流不断增加。华为的民主生活会能够促使各部门间以及部门内部及时发现存在的问题,并采取措施及时纠正;能够促进各部门内部或部门间公平竞争,提高企业的整体组织效率;还能够有效提高部门的决策质量并激发员工的创造力,使企业适应不断变化的外界环境,把各种可能的危机扼杀于无形中。

任正非还在全体员工大会上指出:"自我批判不光是个人进行自我批判,组织也要对自己进行自我批判。通过自我批判,各级骨干要努力塑造自己,逐步走向职业化,走向国际化。自我批判是个人进步的好方法,还不能掌握这个武器的员工,希望各级部门不要对他们再提拔了。"

2000年9月1日,华为召开了一场特殊的"颁奖大会",与会人员是研发系统的几千名员工。会上,几百名研发骨干被一一点名并到主席台"领奖"。任正非颁给他们的奖品是这几年来华为在研发、生产过程中,因工作不认真、测试不严格、盲目创新等诸多人为因素所导致的报废品,以及一些因不必要失误导致的维修所产生的各种费用单据等。当时每一个"获奖者"都面红耳赤,台下也是一片唏嘘,任正非要求每个获奖者把"奖品"带回家,放到客厅最显眼的地方,每天都看一看。

这场隆重的"颁奖大会"实际上是华为一场深刻的自我批判活动,任正非说:"只要勇于自我批判,敢于向自己开炮,不掩盖产品及管理上存在的问题,我们就有希望保持业界的先进地位,就有希望向世界提供服务。"

这种批判与自我批判的精神,能够揭露存在的问题,解决发现的问题,使华为获得了新的"生机"。这种"不要脸"的批判和自我批判把潜在的问题暴露出来,从危机的源头入手,在很大程度上解决了华为的许多问题。

任正非的"不要脸"才能进步的理论,撕破了遮挡"面子"的面纱,让华为的全体员工在不断地批判与自我批判中迅速进步,把企业危机的苗头扼杀在了萌芽状态,提升了华为的整体核心竞争力。

7. 员工培训的"低重心"战略

如今,无论是在国外企业,还是在国内企业,新员工在上岗之前,都必须经过培训,企业也越来越重视对员工的培训。在华为,无论是新员工,还是老员工,都必须经过严格培训才能上岗。

任正非曾经说过,刚刚走出大学的毕业生,会面临着在学校所学的理论知识和在公司所用的实践知识不一致的矛盾,解决这一矛盾的方法,首先是进行培训。华为将持续的人力资源开发作为人才可持续成长的重要条件,永不停息地致力于建设一个学习型组织。

为此,华为在员工培训方面投入了大量的人力和物力。

任正非说:"我们通常所说的基本功包括基本素质和基本技术两个方面。它是发展复杂技术和高难技术的基础,也是技术得以更好应用和发挥的条件。基本功是指员工要有胜任工作岗位的基本能力,它是员工个人发展和获得提升的基础。在我看来,新员工上岗之前必须经过培训，而老员工无法适应新的工作形势时也必须重新接受培训。打好基本功是注重实干的学习态度。"

阿姆科公司是一家从事钢铁行业的企业。在钢铁业逐渐成为"夕阳工业"以后，它的日子开始很不好过，尤其在进入20世纪90年代以后，公司的资金不断流失。在这种情形下吉姆·威尔走马上任，开始进行根本性的改革以挽救公司。他的一项最重要的举措就是"非把每个人都拉来战斗不可"。

这不是一句宣传性的战斗口号，而是威尔在整治企业的过程中切身体会到的最紧迫问题。

有一次他把心理学家请进公司，派他们到业绩最好的工厂去，请他们找出工厂里实现成功的真正带头人，弄清成绩应归功于谁。结果令他惊奇的是，心理学家们回来竟说："工厂里没有带头人。"威尔不信："什么？在我们最赚钱的、为顾客服务最出色的工厂里竟然没有带头人？"心理学家们说："对。工厂里有我们前所未见的最佳团队。所有的人都在互相合作，每一个人都把功劳归于别人。没有整个团队什么也干不成。"

培养高端人才的做法并不适用于所有企业，很多情况下最大限度上地动员所有员工的力量，施行"低重心战略"，让岗位上的每一个人都能更多地贡献自己的力量才是人才培养的上佳策略。自那以后，威尔对用人有了新的看法，他决定建立一套新的训练制度以鼓励团队行为。"以前我们发现了杰出人才马上把他提拔到公司中心去，使他离开了主流大众，这样做效果并不好。"于是，阿姆科公司设法培养一种新型的领导者，这种领导者不是在那里想方设法最大限度地展示他个人的才能，而是尽可能地发挥团队的力量。他总是把成绩归功于他的部下，他能了解谁最需要帮助，对需要帮助的人说：

"我来帮你得到你所需要的帮助。"

在这套新的领导方法实施以后，威尔发现他成功地达到了他的目的——把公司的每一个人都拉来战斗。正如他自己所说的："从全世界的角度来看，这是一场全面的战斗。每个人都在力图把我们的公司抢走，我们努力把公司赢回来，使之成为一个非常成功的公司。我必须使公司里的每一个人，不分男女老少都同我一起投入这场战斗。"

而正是由于他果断地改变了过去的做法，充分地激发了占企业员工比例大半的中低层员工的能量，他终于成功地把公司的每个人都拉进了与他并肩作战的行列中。而在他发现他做到这一点以后，他又有了另一个令人惊喜的发现——公司亏损的局面得到了遏制。不久公司的账面上开始有了新的赢利，且赢利的数额越来越大。

任正非认为："华为要培养优秀的科学家、营销专家、管理家，但我们整个培养工作要实行'低重心'战略。要重视普通员工、普通岗位的培训。要苦练基本功，培养过硬的钳工、电工、厨工……工程师、秘书、计划员、统计员、业务经理……每一个人、每一件工作都有基本功。要把员工'做实'紧紧抓住不放，否则大好形势就浪费了。"

第四章

笃信知识的力量,崇尚技术的"偏执"

1. 靠技术创品牌,坚持自主研发

任正非坚持走重科技之路。他为中国企业发展走出了一条新路,彻底打破了中国无技术的结论,为实现世界级企业的梦想做好了准备,同时也改写了中国企业的生存法则,把中国企业带进了技术创品牌的时代。任正非是知识的信徒。他用知识改变了自己的命运,塑造了中国通信行业的标志性企业,也为中国企业在新时期的发展开辟了一条新路。

从创立华为之初,任正非就主张以自主研发为主,否则核心技术掌握在别人手中,很容易在市场上处于被动地位,他把核心技术看作华为的生命。"知识就是力量",利用知识任正非改变了自己的命运,也重新塑造了全新的企业形象。

华为一直是中国高技术企业的标杆,这是许多知名企业家都一致认同的事实。联想的总裁柳传志这样描述华为:"华为崇尚技术立足，就像一直在爬喜马拉雅山的北坡，陡峭险峻。"其中对华为的钦佩溢于言表。

1997年，任正非走访了一些美国高科技公司，他发现没有一家美国的高科技公司在技术研发上跟在别人后面。任正非更加坚定了自己的想法，那就是企业要想长远发展，必须走自主研发之路。一味地模仿别人的技术是站不稳脚跟的。

华为北京研究所路由产品线总监吴钦明告诉《商务周刊》说："华为选择技术生存，意味着华为把所有资源投入到一个箩筐中，不会留给自己太多的退路。"

通信领域真可谓是"富人的俱乐部"了，这是个高投资的行业。欧美那些老牌企业苦心经营了多年，已经圈定了自己的领地，绝不允许他人轻易地插足。一般的企业赤手空拳上阵，没有足够的专利，缺乏核心技术，连相提并论的资格都没有，更不要提什么竞争了。

研发费用投入的多少，在一定程度上体现了企业的竞争实力。华为的真正价值，不是宽大的厂房，而是一系列拥有完全知识产权的核心技术。任正非冒着巨大的风险将每年的研发投入保持在销售收入的10%，公司内部仅仅是研究及开发人员就占到了46%。

华为不断涉足新的领域，潜心研发下一代网络技术。当国内厂商沉浸于小灵通的自豪时，它立即投入3G的研发，瞄准WCDMA技术。任正非始终把握技术发展的脉搏，以技术引领企业的发展。

中国许多企业有很多借壳国外品牌迅速崛起的例子，但是看似辉煌，背后却危机四伏。当它们发展起来以后，往往要面临着二次选择。

几十年前，索尼公司面临着一次市场危机。这时候有一家美国大经销商同意给盛田昭夫10万美元的订单，条件是把SONY换成自己的牌子。尽管当时的索尼正处于最艰难的阶段，迫切需要10万美元来扭转局面，盛田昭夫还是拒绝了这个大订单。他坚持要创立自己的品牌，几十年后"索尼"品牌享誉全球。联想公司也曾经有过在公司道路上重贸易还是重技术之争，柳传志与倪光南争执不下。最后柳传志还是选择了走贸工技道路。但是时至今日，联想又开始重新选择，重视技术研发。

2000年联想分拆后，联想集团总裁杨元庆提出了"高科技的联想、服务的联想、国际化的联想"的口号，开始重视研发投入和技术提升。2001年，杨元庆来华为访问，希望能够从华为获得研发方面的经验。任正非语重心长地对他说："搞研发可是一门苦工夫，千万要放弃任何急功近利的想法。"

任正非坚持技术至上，他为中国企业发展走出了一条新路，彻底打破了中国无技术的结论，为实现世界级企业的梦想做好了准备，同时也改写了中国企业的生存法则，把中国企业带进了技术创品牌的时代。

华为代表的是我国的新兴产业，它在走向国际市场的进程中的阻力最大，因为它们直接面对的是思科、爱立信、诺基亚、摩托罗拉、西门子等清一色的国际一流企业的激烈竞争。正因为如此，华为继续坚持走自主研发之路。

2. 知识改变华为

"知识就是力量",任正非凭借知识改变了自己的命运,塑造了中国通信行业的"标杆"企业,也为中国企业在新时期的发展开辟了一条新路。

任正非倾向于与朗讯、马可尼等公司合作,华为的很多高层领导都对此感到困惑不解。其实,任正非早在青少年时期就对那些发明家和科技先贤非常崇拜与景仰。这种对知识的信念是他引领华为走技术研发道路的一个重要原因。

很多参观过深圳龙岗区华为坂田基地的人都对那里的设计记忆犹新。坂田基地的所有道路都是以中外著名科学家的名字命名的,像贝尔路、冲之路、居里夫人路、稼先路、张衡路等,这些路名都是由任正非亲自命名的,这使原来如农村般的坂田镇顿时蓬荜生辉。

任正非对于改变人类历史的科学家们的敬意不仅仅体现于此。在1997年年底访问贝尔实验室的时候,任正非说的第一句话就是:"我年轻时就十分崇拜贝尔实验室,仰慕之情超越爱情。"他一向不愿意留影,可是这次却坚持要和随同的李一男一起在晶体三极管发明人巴丁先生的纪念栏前合影留念。在参观实验室的时候,任正非走到巴丁50年前发明晶体三极管的那张工作台前,怀着崇敬的心情伫立良久。实验室的工作人员送给他一个纪念巴丁发明晶体三极管50周年的纪念品,他非常高兴,而且热烈地称赞巴丁不仅是贝尔实验室的巴丁,也是全人类的巴丁。

任正非出身"寒门"，用知识改变了自己的命运；华为是"寒门"企业，也要靠知识来改变命运。

"知识就是力量，别人不学你要学，不要随大流。"这是父亲留下的语重心长的话。这句话一直在影响着任正非，也通过任正非影响了华为。任正非聚焦IT产业就是他相信知识创造价值的选择。在人心浮躁的20世纪80年代，任正非不为眼前利益所动，坚持研发技术，他要靠知识的力量改变华为，做国际化的大企业。

2001年，某著名跨国公司的中国区总裁访问华为，无意间与任正非聊到了深圳的房地产市场。任正非即兴发表感慨，指出黄浦雅园在市场定位上的缺陷，而黄浦雅园是李嘉诚旗下长江实业在深圳福田中心区的"旗舰"项目。那位来访的总裁借机附和道："如果华为当年也做房地产的话，也许今天的房地产老大就不是万科了。"任正非一笑而未置可否。不过一位任正非身边的人后来说，"老板当时肯定是在想——'那样一来，恐怕也就没有今天的华为了。'"

在经营企业的过程中，任正非对人才和技术都看得非常重要。他坚持认为，尽管可能会暂时增加生产成本，但华为聚集优秀人才、提高人才比重的做法是正确的。所以在讨论《华为基本法》的时候，任正非特别强调一定要把"人力资本增值的目标优先于财务资本增值的目标"一条写进去。

任正非一向强调企业的研发要结合市场需要，要有实际应用价值，要实实在在地掌握知识，而不是纸上谈兵，说一些高深的论断，却不能付诸生产。

很多专利权人、科研单位都知道，要促进科技成果转化必须做到：优化政策环境，保障科技成果转化；筑巢孵化，加速科技成果转化；创新机制，实施科技成果转化这三大措施。但是，要真正提高科研成果转化，不能只掌握以上理论知识，还要确实做好以下工作：

首先，促进科技成果转化要加大资金的投入。一是政府应该加大资金对科技转化的投入，特别是严格执行国家相关政策，落实科技三项费；二是要建立风险投资金融机构，并正常运转；三是要进一步加大政策宣传力度，鼓励企业加大科技投入，鼓励科技人员致力于科技成果的转化。

其次，促进科技成果转化要加大人才队伍建设。我们要努力在人才政策上下工夫，做好人才的引进工作、安居工作和创业工作，要形成真正创业、创得成业的良好环境，让科技人才在工作中感到少有所为，老有所得，心情舒畅。

再次，促进科技成果转化还要加大中介机构培育。政府要出台相关政策措施，鼓励、引导和支持中介组织的发展，形成科技成果转化推广的健全体系。

最后，科技成果能否转化为生产力还取决于科研人员是否依据现有市场需要和生产力水平进行研发，与现有市场脱节的研发成果只能成为浪费资源的项目，没有实际的应用价值。

企业的最终目标是生产出能够实现价值的产品，赢得顾客并获取利润。

只有能将所学知识应用到实践中来，并取得成果的人，才是企业所需要的人才，这样的项目才值得企业大力支持。因此企业管理者和技术人员在进行研发时，切记结合理论与市场实际，做出有意义的成果。

3. 只做通信产品

　　任正非偏执到只做通信产品，并在《华为基本法》中确定下来。任正非铁了心要做有高度的事业，就要经受风口浪尖上的考验。通信产品前期投入大，周期长，而且产品研发出来也不一定能满足市场需求。但是任正非这个"偏执狂"，全然不管这些，他的目标一经确立，就要坚持到底。

　　IT泡沫最盛行的时候，全球的主要通信设备制造厂家几乎都放弃了对现有的交换机的研究开发，而全面转入下一代NGN交换机的研究，任正非仍然加大对传统交换机的研究投入。"泡沫经济"破灭后，西方公司又开始动摇了它们推崇的下一代NGN交换机，对下一步的潮流走向产生了迷茫。财务状况不好，开始大量裁员，对行业的发展来说雪上加霜。而华为却坚信NGN一定会取代传统的交换机，只不过是一个漫长的过程，在NGN上也一直加大投入往前冲，于是华为又赶上了它们，进入了世界前列。目前，华为的传统交换机占世界总量的16%，而下一代NGN则有可能占世界总量的28%。"偏执"变成了推进华为前进的力量，造就了华为的成功。

　　《华为基本法》第一章第一条规定："华为的追求是在电子信息领域实现顾客的梦想，并依靠点点滴滴、锲而不舍的艰苦追求，使我们成为世界级领先企业。"第三十七条又再次强调："我们中短期的投资战略仍坚持产品投资为主，以期最大限度地集中资源，迅速增强公司的技术实力、市场地位和管理能力。我们在制定重大投资决策时，不一定追逐今天的高利润项目，同时要关注有巨大潜力的新兴市场和新产品的成长机会。我们不从事任何分散公司资源和高层管理精力的非相关多元化经营。"

他顶着倾家荡产的压力,投巨资开发第三代移动通信产品。他为了融资,出卖安圣电器,卖掉华为3Com的股份,放弃盈利的小灵通。从C&C08机到排除万难建立北京研究所,到3G的巨大赌注,他偏执但绝不盲目,他坚持只做通信产品,而且要做就做到最好。

华为取得的骄人业绩和任正非孤注一掷搞通信设备的研发是密不可分的。任正非敢于"把所有的鸡蛋都放进一个篮子里",为此坚持不懈。但是任正非也很清楚,虽然华为已经取得了很大的成绩,但是华为还只是在成长,与国际老牌企业还有很大差距。任正非为了企业的迅速发展,不断整合企业资源,将所有的精力和资金都投入到新产品的研发、生产及服务体系上,争取取长补短,迅速提升华为品牌。

正是凭着这股偏执劲头,他带领华为人打进竞争激烈的海外市场。2005年,他的名字出现在了美国《时代周刊》评选的"2005年度全球最具影响力的100人"的名单上。

许多企业在力量壮大之后都努力向多元化发展。它们都想效仿通用,采用韦尔奇的多元化战略迅速提升品牌,但是韦尔奇的这种方法在中国有点"水土不服"。万科集团最初不断扩张规模,想走向多元化,但是这期间产生很多问题,只好往回收缩,回归专业化道路,发展才重新趋于稳定;三九集团从专业化走向多元化,以失败告终;五粮液集团在缓慢地走多元化道路,却是一路危机重重。

"科学的入口处就是地狱",任正非坚信知识的力量,淡泊名利,不为贫穷所吓倒,不为暴富动心,坚持着自己的理想信念。任正非对技术的执着追求可谓是"一根筋",他有一股德意志民族的那种倔强,也正是这种坚持造就了华为的成功。

"只有偏执才能生存",任正非对这句话可谓情有独钟。这是英特尔公司前董事长兼首席执行官的一句名言。偏执几乎成了任正非的特色。他以做事业的态度做企业,不走一时的捷径,坚持在最困难的时刻寻找突破口。他的身上真正体现出了企业家的精神和魄力。

要想成就一番事业,没有非凡的定力是不行的。也许,正是由于这样的"顽固不化",任正非才成就了后来的大业。

4. 资源会枯竭,唯有文化生生不息

品牌本身就包含着一种文化。比如说可口可乐,它代表着美国自由开放、释放自我的品牌文化;提到SONY,它代表着日本自强不息、不断创新的品牌文化;提到NIKE,它代表着美国自由的街头运动及篮球文化;提到ADIDAS,它代表着欧洲悠久的足球文化及严谨的德国文化。品牌之所以成为品牌,就在于它包含着文化,能满足人的精神需求。

文化是一种无形的力量,鞭策着人们。文化是人类社会长期发展的精神积淀,它渗透到每个人的心里。企业文化对企业发展的影响更是如此。任正非说:"人类所占有的物质资源是有限的,总有一天石油、煤炭、森林、铁矿……会开采光,而唯有知识会越来越多。"

他非常钦佩以色列人,在生态环境恶劣的沙漠地区,以色列不但生存了下来, 而且成了强国。"以色列这个国家是我们学习的榜样,它什么都没有,只有一个脑袋。一个离散了两个世纪的犹太民族,在重返家园后,他们在资源严重贫乏、严重缺水的荒漠上创造了令人难以相信的奇迹。他们的资源就是有聪明的脑袋,他们是靠精神和文化的力量,创造了世界奇迹。"

2002年年初,任正非请北大哲学系和中国社科院的8位哲学教授,为企业中高层领导讲授中西方的哲学思想,其中着重讲述马克斯·韦伯的《新教伦理与资本主义精神》。按照韦伯的观念,新教提倡的"天职"和"禁欲"等宗教思想,对现代英美资本主义的起源和发展有着重大的影响,当人们将工作视为"天职"——上帝交付的职责的时候,人们就树立起了责任、敬业、奉献等基本的价值观念。

良好的文化,在细微处就可以显现。在IBM公司的办公室中,所有的垃圾都有两个投放口,一个投放可回收的垃圾,另一个投放不可回收的垃圾,所有的员工都很自觉。这不仅是一种责任,更是公司的文化使然。

在华为研究中心的墙上的显著位置都张贴着这样一句话:"板凳要坐十年冷。"也就是说,科学研究是默默无闻的事业,要埋头苦干,勤勤恳恳,坐得住冷板凳。任正非提倡"爱生活,爱家庭",要求员工把上班第一个月的工资交给父母,以尽儿女的孝道。

为了革除这些不良习惯,任正非发动华为人勇于搞自我批判。"华为能否进步,一是核心价值观能否让我们的干部接受;二是能否自我批判。"通过自我批判,这些不良习惯消除了。

华为的规定是准时上班,这不只是指在上班时间到的时候坐到座位上,而是说在上班时间到的时候进入工作状态,上班时间只能处理公务,除此之外的任何事情不得占用上班时间。坚决反对铺张浪费,养成勤俭节约的好习惯。

华为的规模逐渐扩大，任正非开始有机会频繁接触IBM、朗讯、摩托罗拉等世界级企业的高层管理人员，他深深体会到了华为公司文化上的视野和国际型企业之间的差距，这也就更加坚定了他推进华为国际化步伐的想法。

任正非立志要做有高度的事业，创建世界级的企业，国际化是一条必选之路。但是，国际化谈何容易，不仅要管理、流程等与国际接轨，更重要的是要形成制度，渗透进人的骨髓里，逐渐成为无形的指导力量，公司整体上形成国际化的思维，这是最难的一步。

最终任正非选择了走一条以制度带动文化和西化的道路。按照任正非的说法，"软的不行，就先上硬的"，从流程和财务制度等最标准化甚至不需质疑的"硬件"开始，从局部到整体，从运营管理到制度管理都逐步"西化"，潜移默化地推动软件的国际化。

任正非把制度的国际化、人与文化的国际化结合起来。首先，他提出"削足适履"，"先僵化、后优化"。其次，不惜付出10多亿美元的代价，请IBM专家做辅导。最后，引入了HAY公司设计的职业化的人力资源体系，用另一个制度来树立明确的标尺，促进员工文化和观念的转型。

任正非崇尚文化的力量，"资源会枯竭，唯有文化生生不息。"他认为只有把文化渗透到华为人的骨髓里，形成一种自觉的无意识，华为才能实现"无为而治"，向世界级企业迈进。美国学者迈克尔·波特在谈论国家竞争优势时说，基于文化的优势是最根本的、最难替代和模仿的、最持久的和最核心的竞争优势，这同样也适用于企业。

5. 保护知识产权

　　知识产权或称智慧财产权,是指对所拥有的知识资产的专有权利,一般只在一定时间期内有效。智力创造,如发明、文学和艺术作品、商业中使用的标志、名称、图像以及外观设计等,都可被认为是某一组织或个人所拥有的知识产权。

　　保护知识产权可刺激经济的增长,近年来很多新兴产业(如信息产业等)的发展都受益于知识产权保护制度的日趋完善。长时间以来华为公司在知识产权维护方面一直领先于国内其他企业,特别是2003年经历过和思科的知识产权纷纠,使华为在知识产权保护方面的重视日臻完善。

　　任正非曾说过:

　　我们重视广泛的对等合作和建立战略伙伴关系,以使自己的优势得以提升。我说和平与发展是国家之间的主旋律,开放与合作是企业之间的大趋势,大家都考虑到未来世界谁都不可能独霸一方,只有加强合作,你中有我,我中有你,才能获得更大的共同利益。所以很多合作伙伴愿意给我们提供一些机会。这种广泛对等的合作,使我们的优势很快得到提升,迅速推出很多新的产品,也使我们能在很短时间内提供和外国公司一样的服务。没有基础技术研究的深度,就没有系统集成的高水准;没有市场和系统集成的牵引,基础技术研究就会偏离正确的方向。我们一定要搞基础研究,不搞基础研究,就不可能创造机会、引导消费。华为的基础研究是与国内大学建立联合实验室来实施的,我们的预研部,只有在基础研究出现转化为商品的机会时，才大规模扑上去。

但只有基础研究是远远不够的。我国引进了很多技术，为什么没有形成自己的产业呢？主要是因为关键核心技术不在自己手里。掌握核心，开放周边，才能使企业既能快速成长，又不受制于人。

举个例子，华为将作为世界大传输厂商角逐于世界市场，为什么？传输的芯片是我们自己开发的，使用的是0.35微米芯片的技术，而且功能设计比较先进。可以肯定，在2.5G以下传输芯片我们做得比国外的好。华为在新一代传输体制——同步数字体系（SDH）中展现出强大的活力，2.5G以下级别交叉能力是全世界最强的，实现了低阶全交叉连接功能，十分适应中国电信网络复杂的需求。在自行设计的芯片中，其强大的复杂数字运算功能，大大地提高了光同步传输设备的业务接口在抖动、飘移等方面的指标特性。支撑网中适应高精度定时要求的网同步技术，延伸了SDH设备在节点数和距离方面的应用。

只有拥有核心技术知识产权，才能进入世界竞争，我们的08机之所以能进入世界市场，是因为我们的核心知识产权没有一点是外国的。

"知识产权"是企业生活中经常会涉及的话题。由于市场竞争激烈、同行业企业之间技术交叉的可能性大，国际国内因为知识产权问题引起的纠纷屡见不鲜。比如，2002年美国通用汽车公司和中国奇瑞公司的知识产权纠纷，历时三年才达成和解。2003年日本丰田与中国第一家民营汽车企业吉利汽车也发生跨国知识产权争端。2005年，美国英特尔与深圳东进公司发生知识产权纠纷，后历经两年多才达成和解协议。

任正非在创业初期就十分重视知识产权问题。在尊重别人的知识产权、重视知识产权的投入等方面,华为所做的努力和取得的成绩是有目共睹的。据了解,华为是国内最早全面推行软件正版化的公司。任正非很早就在华为设立了专门的信息安全和知识产权部门,推行严格的软件检查制度,在检查时发现任何人私自安装未经许可的软件,都会给予相当严厉的处罚。

华为的一位辞职员工就公开表示:"相信就国内企业而言,华为是最重视知识产权的公司之一。"他还举例说:"不管是被迫还是自愿的,我在华为时,每个月都要检查机器上是否有不该有的文档、代码和不该装的软件。"

在备受关注的3G产业领域,任正非用实际行动表明了其尊重他人知识产权的态度。

2001年,华为作为国内首批通信设备制造商之一同美国高通公司达成CDMA专利许可协议。接着,2002年,华为又率先同WCDMA标准基本专利主要持有人爱立信公司签署了WCDMA专利许可协议。2003年,华为同另一WCDMA标准基本专利主要持有人诺基亚公司签署了WCDMA专利许可协议。此外,作为TD—SCDMA产业联盟的主要成员,华为很好地同国内其他企业解决了有关专利的许可和交叉许可问题。

任正非对知识产权的尊重还体现在其对技术合作人和发明人的奖励政策上。据某位不愿透露姓名的大学教授说,在一次同华为的合作中,因他对项目给出了建设性意见,华为给了他个人知识产权特别奖励。对于内部员工,华为每年都要拨出巨额专款奖励发明人。更重要的是,重要专利的发明人的专利证书还会被挂在华为坂田基地数据中心大厅的"专利墙"上。

同时,任正非还进一步加强了在海外市场注册专利的力度。

2003年一年中，华为在美国、欧洲等申请的专利有200多项，申请PCT国际专利226项，是发展中国家申请PCT最多的企业之一。

华为还与每一位员工签署了协议和承诺书，比如《员工保密协议》《文档管理规定》等。员工要保证不伤害公司的利益、不做任何侵犯公司知识产权的事情，这就使员工与公司之间形成了严格的契约关系。

对于那些侵犯了华为知识产权的人员，任正非主张施行严厉打击，绝不手软。近几年，华为以自己的知识产权被侵犯为由，提起了多起诉讼，其中最多的就是与前员工的产权纠纷。

比如，华为公司原传输部技术人员王志骏、刘宁、秦学军曾被华为提起诉讼，理由是"以自主创业为名盗窃公司的核心技术"。2005年5月19日，此案有了了结，王志骏等三人分别被二审判处两至三年有期徒刑并处罚款。2005年9月，华为对原华为高级副总裁李一男创立的港湾通信设备公司提出知识产权诉讼，给正筹备香港上市的港湾以沉重打击，致使港湾和西门子等国际厂商的合作几乎流产。

任正非表示："研发创新的技术是华为人的公共财富，是华为赖以生存的基础，任何窃取这些果实的行为都是不可原谅的。"只有坚定不移地实施知识产权战略，我国的企业才能在参与世界市场竞争中，拥有自己的市场控制权和话语权，企业才能做大、做强、做持久。

6. 打造知识密集型企业

华为的成功，很大程度上依赖的是不断招募一支工程师大军，培养他们、组织他们，然后激励他们在全球电信业的版图上攻城拔寨，拿下一块块高附加值的地盘。我们可以称这样的企业为"知识密集型企业"。

知识密集型企业通常包含以下特点：首先，企业中有数量庞大、低成本和受过高等教育的知识员工；其次，这类企业具有快速有效的组织能力；最后，企业的产品或服务具有很高的附加值，使企业有足够的利润进一步扩张。

2001年中国加入世界贸易组织（WTO）后，正式融入世界经济一体化，凭借着"低成本+产业集群"的优势，确立了世界工厂的地位，成为全球经济的亮点。这一亮点让一大批企业获益，并深刻影响了中国经济的格局与走向。10年后，以低附加值为核心的低成本模式，在内外多重因素夹击下，不断滑向边际效益递减的通道。尤其在当前全球经济都陷入通胀、生产成本急剧上升的形势下，许多以低成本立命的企业不得不艰难度日，甚至渐渐消失。普遍意义上来讲，劳动密集型的企业最理想的努力方向应该是创新型企业。但由于企业缺乏基础的知识产权积累，以及颠覆性的创新能力，因此无法成为以创新和创新人才为主要特征的创新型企业。

进入21世纪之后，中国劳动力结构中大量低成本知识员工的存在，为企业提供了一个新的竞争优势来源。假若企业能够有效组织和管理这些知识员工，就能够在研发、客户服务、个性化定制、响应速度等方面获得优势，从而转变为一家知识密集型企业。经过一定时间的成功运作,知识密集型企业将可能过渡到创新型企业。

中国不断改善的高等教育机制,为国家提供了大量高素质知识员工,他们经过华为的培训,在3个月中就能成为工程师,且薪酬远低于国际同行。在市场上,华为也强化了这种低成本、高素质、大规模的优势。

知识密集型企业必须具有并能够不断强化以下五项技能:

①自我超越。鼓励企业所有成员持续学习并扩展个人能力,不满足于现有的成绩、愿望和目标,创造出企业想要的结果。

②改善心智模式。所谓"心智模式",即由过去的习惯、经历、知识结构、价值观等形成的、固定的思维方式和行为习惯。

③建立共同愿景。共同愿景是企业文化的重要内容之一,简单说就是企业员工普遍接受和认可的企业的长远目标。共同愿景能把全体员工的主观能动性调动起来,能唤起员工的希望,为共同的目标奋进;共同愿景能改善企业与员工的关系,增强员工的归属感;共同愿景能抑制员工的不良行为,促使他们积极向上。

④团队学习。完善的培训系统对企业的发展固然重要,但不能将团队学习简单等同于培训。培训意味着员工被动接受教育,而团队学习意味着互动,意味着组织的各层次都在思考,而不是只有高层领导在思考,其追求的是一种群策群力的组织机制,试图通过群策群力,让团队发挥出超乎个人才能总和的巨大知识能力。

⑤系统思考。知识密集型企业成员应具有全局意识,学会进行系统思考。系统思维即从具体到综合、从局部到整体、从结果到原因,看问题应避免"只见树木,不见森林",其倡导的是一种全方位的思考方式。进行系统思考修炼要求我们应以系统的、联系的观点去看待组织内部间以及组织与外部间的关系。

根据统计数据,欧美企业平均生存年限是12.5年、日本企业平均寿命为30年,而中国企业的平均寿命只有3.5年。对待学习与发展的态度存在偏差,是中国企业寿命较短的一个重要原因。很多企业取得了一定成绩之后便安于现状,却不知荣誉不是借口,而是学习进步的动力。

但很多人恰恰是以此来作为自己不学习的挡箭牌,正如新希望集团董事长刘永好一语道破的:"再不学习,诸多民营企业一定完蛋。"

根据美国《财富》杂志2001年的统计:在美国,有近3000家公司设立了自己的商学院。而排名前500强公司中,大约70%企业拥有自己的企业大学。

通用公司无人不晓,但未必有很多人知道通用公司还有一个"企业界的哈佛"——克劳顿学院,也未必有很多人知道麦当劳的"汉堡大学"。

2011年3月,麦当劳中国汉堡大学落户上海,成为它在全球的第7所企业大学。随后麦当劳中国CEO曾启山宣布,未来5年这所大学将投资2.5亿元,培养5000名管理人员。在麦当劳工作的员工升职之前都必须参加培训,并通过考试拿到证书才能上岗。

"钱,你可以赚到,但人才,你必须用心着力培养。"麦当劳汉堡大学的宣传册上,印着创始人雷·克洛克的这句名言。正是由于对知识的重视,才成就了麦当劳自1902年成立至今近110年的基业常青。

任何一个企业想要在剧烈变动的市场中生存与发展,都必须有能力及时察觉组织内外环境的变化,并积极作出调整,学习新的技能,采用新的经营运作模式,运用系统思考的智慧,并持续创新与改善。不会学习,就不能成就一个现代化的企业,也就谈不上拥有市场化大潮中所需的竞争力。

值得庆幸的是,现在,越来越多的中国企业试图通过发展知识密集型企业,从而走出中国企业短命的怪圈。为此,国内各企业如春兰、中兴、联想、奥康、吉利、阿里巴巴等纷纷成立了自己的企业大学。

就在汉堡大学落户中国一周后,中式快餐企业真功夫也进行了米饭大学的挂牌仪式,米饭大学校长、真功夫副总裁兼首席财务官洪人刚表示:"今后5年,米饭大学每年投入3000万~4000万元,培养超过3000名管理者。"

虽然存在差距,中国的企业正在奋力追赶。据2010年中国企业培训调查显示:有九成左右的企业已经开始重视培训管理并正在积极地实践,89%的企业有健全的培训体系或是有基本的培训体系;67%左右的企业每年都会在固定的时期制订年度培训计划;28%的企业未制订过年度培训计划,但从当年开始尝试制订。越来越多的企业试图通过培训学习来增强员工的素养和能力。

知识才能改变命运,只有依靠学习,企业才能在未来发展道路上走得更远、更稳。海信广场董事长周涛说,"创新来自不断学习,而正是不断创新才使得企业日臻完善。相信,通过企业管理和学习的加强、通过打造知识密集型企业,我们能够努力将企业的经营寿命不断延长,不断缩小与国外大型企业的差距"。

7. 引导员工懂得高雅的文化

每个企业的员工都有自己的业余活动,这也是一种文化。在任正非看来,业余活动是调节、放松,是为了更好地投入工作,而不是放纵自己,让自己沉迷于低级趣味之中。

在《致新员工书》中他说道:"为了您成为一个高尚的人,受人尊重的人,望您自律。在公司的进步主要取决于您的工作成绩。一个高科技产业,没有文化是不行的。业余时间可安排一些休闲活动,但还是要有计划地读些书。不要搞不正当的娱乐活动,绝对禁止打麻将之类的消磨意志的活动。为了您成为一个高尚的人、受人尊重的人,望您自律。"

从2006年开始,有关"华为员工自杀与自残""患忧郁症和焦虑症的员工持续增多"等传闻就不断出现,而这些传闻也并非空穴来风。

任正非本人也十分不解,伤痛之余也深感担忧。他在给华为党委的一封信中这样写道:

华为不断有员工自杀与自残,而且员工中患忧郁症、焦虑症的人不断增多,令人十分担心。有什么办法可以让员工积极、开放、正确地面对人生?我思考再三,不得其解。

如果要评选中国最累的企业的话,华为必定入围,它的艰苦奋斗史足以证明这一点。华为能够发展壮大到今天,不是全凭机遇的眷顾，它所取得的每一份成就都是具有"狼性"的华为人凭借不屈不挠的意志攻打下来的。华为获取了利益，华为人也取得了成功，但不可否认，他们所背负的也是高于其他企业员工数倍的压力。这些压力如果不能得到及时地缓解，很容易造成心理上的不健康，甚至让人走上极端的道路。发生在华为的几起员工自杀事件就是最真实的写照。

为了回应社会上的各种传言，任正非写了一篇题为《要快乐地度过充满困难的一生》的文章。文章中尽是任正非想要传递给华为员工的正能量，他认为员工要摆正对待财富的态度，倡导他们学会调整心态，真正体会到工作与奋斗的乐趣。

任正非认为，抑郁、焦虑等问题表面上看是员工压力问题，可从深层次挖掘的话，它实际反映出的是华为员工在财富面前的自我束缚和极端思维。拥有财富本身是一件好事，它可以让人们更好地享受生活与工作，而不是为了这个目标去生活和工作，本末倒置必然会让人迷失方向。

于是，任正非给公司的管理层人员提出了要求：

第一，引导员工懂得高雅的文化与生活，积极、开放、正确地面对人生。人生苦短，不必自己折磨自己。不以物喜，不以己悲。同时也要牢记，唯有奋斗才会有益于社会。

第二，要因势利导，使员工明白奋斗的乐趣，人生的乐趣，不厌恶生活。华为有几位高管经常周末、深夜在一起喝茶（务虚会），谈业务，谈未来，沟通心里的想法，这种方法十分好。我们的主管不妨每月与自己的下属或周边人喝喝茶，明确传达一下自己对工作的理解和认识，使上下都明白如何去操作。不善于沟通的人，是难做好行政主管的。

当然了，乐观、豁达的心态不是说有就有的，但却是可以培养

的。所以,任正非又给员工提出了明确的建议:

首先,员工不能成为金钱的奴隶。金钱可以在某种程度上衡量一个人的价值,但它一定不是人们应该追逐的奋斗目标。

其次,员工要承认差距的存在,并努力改变现状。差距是刺激人们前进的一个很有效的动力,但不能陷入盲目攀比的境地,而是要通过提升自己来缩短这种差距。

最后,员工要懂得扬长避短,增强自信心。在一个充满竞争的集体里面,员工难免会担心自己被淘汰。所以,员工的忧虑往往来自对自己弱势方面的担忧。但是,人无完人,聪明的人善用自己的优势来增强自己的自信心,而不是只关注自己的缺点每天忧心忡忡。

对于任正非的观点和建议,很多人还是表示担忧:对于员工出现的这些问题,难道只靠他们自己去调节?

任正非所提出的只是一些心理调适的方法,他希望员工能够实现真正的自我解放,希望他们能够走出去,多参加活动。但是,他不主张以公司的名义以及组织的方式来安排员工,而是倡导员工自觉自愿参加活动,并且自己承担费用。任正非认为,只有这样才能真正达到自娱自乐的目的。

另外,关于社会大众指责说在华为工作很辛苦,压力太大,任正非也明确表示,华为不会因此而放松标准。

在技术领域,在与西方的差距大,技术基础底子相对薄弱的情况下,华为走出了一条赢家之路。"我们不比外国人更精明,靠什么打赢?只有更努力。"

华为不会放弃艰苦奋斗的文化理念,这是它存在至今的灵魂支柱。不过,任正非所做种种也充分表明,华为会给予员工更多的关注,特别是对员工心理健康的关注。而通过对这些事件的反思,华为也有了新的目标,那就是让员工勤奋而快乐地工作。

第五章

对客户高度重视，对媒体低调做人

1. 企业生存下来的唯一理由是客户

企业要靠谁来养活？答案显而易见是客户。客户是上帝，是各大小企业的衣食父母，这是一种普遍的商业价值观。但是，把客户当成上帝，对一个企业来说真的就够了吗？在任正非看来，为客户服务才是企业发展的灵魂。

华为生存下来的理由是为了客户。全公司从上到下都要围绕客户转。我们说为客户服务是华为之魂，而不是一两个高层领导。建立客户价值观，就是围绕着客户转，转着转着就实现了流程化、制度化，公司就实现无为而治了。

任正非将为客户服务设置如此高的定位，并不是"假、大、空"的做派，也不是宣传企业的手段，而是真得参透了"客户至上"的理念。

阿尔卡特对于人们来说并不陌生，曾在电信产业处于领军地位，其掌舵者瑟奇·谢瑞克也是业界颇具影响力的一号人物。

　　21世纪初,任正非在法国拜访这位传奇人物时,他曾说道:"我一生投资了两个企业,一个是阿尔斯通,一个是阿尔卡特。阿尔斯通是做核电的,经营核电企业要稳定得多,无非是煤、电、铀,技术变化不大,竞争也不激烈;但通信行业太残酷了,你根本无法预测明天会发生什么,下个月会发生什么……"

　　当时的华为仍处在艰难的爬坡阶段,而瑟奇这样的困惑和迷茫同样引起了任正非的重视。难以想象,像阿尔卡特这样的业界的领路者都出现了困扰,那么等待华为的又将会是什么呢?

　　回国后,任正非在华为内部展开了一场大讨论,从而更加确定了"以客户为中心"的思想线路。因为此次讨论所得出的结论是,华为的明天一定是依附于客户的。

　　企业到底为了什么而存在?这是一个值得深思的问题。一个企业找到了其存在的理由才能找准它的发展方向,否则企业很容易走上岔路。在很多人看来,办企业不就是为了赚钱吗?他们认为,企业就是为了赚钱而存在的。如果一个企业以这个目标为导向的话,那么,它极有可能在发展的过程中忽视了客户。如果是这样,客户为什么还要选择这个企业?没了客户,这个企业还如何盈利?

　　做企业必须要有一个清晰的目标,这是企业发展的动力和导向。在看待这个问题时,企业家们的考虑是不同的,产品、技术、利润、市场份额等,答案五花八门。但是,这些能够引领企业长远地走下去吗?

　　企业做的是产品,客户买的却不单单是产品。企业、产品和客户,三者之间所形成的这种关系必须引起人们的注意。任正非指出,客户在选购产品的过程中,最注重五个问题,它们分别是:高质量和稳定可靠的性能；强大的功能和有竞争力的价格；能够满足需求的领先技术；及时有效且质量高的售后服务以及产品、技术和公司的可持续发展。所以说，企业在产品、技术以及服务上所做出的努力，其最终的目的是满足客户。如此说来，企业若想获得长足的发展，有什么理由不把客户放到第一位呢？

华为内部流传着这样一个故事：有一年，任正非去新疆视察工作，刚从业务一线上提拔上来的新疆办主任特意租了一辆加长林肯去接机。任正非下飞机看到那辆车后非常生气。他觉得用办事处的车来接他就可以，如果车不够用的话，他也可以打车走。任正非批评了那位主任，还生气地说道："你只要派司机来就可以了，为什么还要亲自来迎接？现在你应该待的地方是客户的办公室，而不是坐在我的车里！"

按照任正非以往的习惯，出差或度假时，他是不会通知当地公司的负责人的。下机后，他一般都是直接乘坐出租车前往酒店或会议地点。

在任正非的身上，人们很难看到传统的领导作风，他也非常不喜欢下属搞"讲排场"的事情。针对公司的这种现象，任正非还提出过严厉的批评。

"我们公司上下弥漫着一种风气，崇尚领导比重视客户更厉害，管理团队的权力太大了，从上到下，关注领导已超过关注客户。领导出差，安排如此精细，如此费心，他们还有多少心思用在客户身上？"

于是，任正非又针对这种现象提出了"脑袋对着客户，屁股对着领导"的要求。这一理念并不是任正非的个人看法，华为的高层领导们都是认同的。华为的一位高管曾就这个问题加以说明："华为这样的做法,并不代表着领导层的道德觉悟有多高,这不是我们的出发点。这样做体现着华为的价值观:客户重要,还是领导重要。这才是大是大非,关系到公司的胜败存亡。"

从表面上来看,客户正是把握着企业命脉的关键者。但事实上,"命运掌握在自己手中"是绝对的真理,企业的生死存亡关键还是看自己怎么做。"以客户为中心"是商人皆知的常识,而华为之所以能够成功地走到今天,就是因为它至今还没有丧失这一常识。

中国人民大学的一批EMBA(高级管理人员工商管理硕士)学员在英国兰开斯特大学交流访问期间,将工业革命时期的英国与今天做了对比,看过以往的辉煌再看今朝,人们多少会感到震惊。讨论期间,有学员向英国教授提起了华为,教授说:"华为不过是走在世界上一些曾经辉煌过的公司走过的路上。这些公司在达到顶峰之前也是客户导向的,也是不停奋斗的,但达到顶峰后它们开始变得故步自封,听不进客户的意见了,于是就衰落了。"

这些话听起来似乎有些不中听,可事实上,这位教授的评价是非常客观的。每一个企业在发展的过程中都会喊出"以客户为中心""客户第一""客户至上"等口号,但真正能把这一理念落到实处的企业并不多。很多企业发展到后期就开始盲目地追求利润而忽视了客户,这样的企业最终都难逃失败的命运。

所以,为了华为的基业长青,任正非始终坚持"为客户服务是华为存在的唯一理由,客户需求是华为发展的原动力"这一战略。

2. 与客户"联姻"

华为是一家民营企业，与其他的国有企业相比，它在竞争上的劣势很明显。华为最初是在各地建立办事处进行销售。这种销售模式为华为迅速打开了市场，但弊端也随之暴露出来。办事处主任紧盯订单，短期行为严重。市场关系不稳定，人员调换频繁，开支庞大。

为了建立稳定的市场关系，尽快了解客户的需求，任正非开始探索与客户之间建立关系的新形式：与客户"联姻"，建立合资公司，形成利益共同体，以此巩固市场，拓展市场。

华为成立合资公司，最早源于华为电气。1995年，华为莫贝克电源公司（华为电气前身）将18个省邮电管理局的直属企业作为自己的股东。

1997年，任正非首次提出建立合资公司，以让利来赢得客户的信任。"合资企业要办30个，如果华为在海外上市，合资企业也要打包上市。"随后，华为就与铁通合资建立了北方华为。

从1998年开始，继北方华为后，又在辽宁、河北、山东、四川、北京、天津等地，与当地电信局政府等共负盈亏、共担风险，成立了合资公司。

沈阳华为的建立颇费了一番周折。任正非亲自到辽宁，与辽宁邮电局高层进行了将近一年的接触。后来，他找到负责该项事务的李玉琢说："在辽宁要办一个合资企业，采用职工集资的办法，我已经和辽宁省电信局盂局长说好了。"谁知来了沈阳，盂局长已调到人大，接任者对此事反应冷淡，集资也没人响应。后来经多方努力，

1998年2月沈阳华为成立了。当年,华为在沈阳全省14个地市的销售额就达到了近三亿元。

通过与客户建立合资公司,华为迅速稳定了市场。双方分工合作,各取所需,互惠互利。

但是,这些合资公司与一般的合资企业不同,这些企业的作用只是签单走账。当地运营商和政府投资甚至可以先由华为垫付,这促进了华为的销售,也疏通了长期客户关系。

在当初,华为内部就是否建立合资公司这一点上分歧很大。特别是1999年,各地的合资公司业绩普遍不佳,有的甚至出现亏损。围绕这一问题,华为内部大辩论,公说公有理,婆说婆有理,最后以支持的一方获胜谢幕。

现在看来,合资公司对华为拓展市场、树立企业形象起了积极的作用。2002年,华为实行改革,按地区划分、注册子公司,合资公司也被纳入其中。这时候大大小小的合资公司也就逐渐退出了市场的舞台。

众所周知,军队是最职业化的队伍,只有高度的职业化,才能保证永不衰竭的战斗力。

随着华为不断发展壮大, 其中职业化管理的漏洞也日益突出。"华为是一群从青纱帐里出来的土八路,习惯于埋个地雷、端个炮楼的工作方法,还不习惯于职业化、表格化、模板化、规范化的管理。重复劳动、重叠的管理还十分多,这就是效率不高的根源。"

1998年之前,华为提拔干部的主要方式有两种:火线提拔和因功提拔。火线提拔靠"伯乐"慧眼识英才,所选拔的干部侧重于业务方面,对企业文化的认同和综合素质方面考核较少。因功提拔按照贡献大小,提拔那些在开拓市场、研发技术方面有重大贡献的人。但是,管理者除了专业特长,更需要的是协调能力、运筹帷幄的能力、处理危机的应变能力等多方面的素质。因此,这两种提拔方式都存在着弊端。

随着华为的发展,任正非也逐渐认识到这一问题。"前些年,由于快速的发展,我们提拔了很多人,当时犯了乔太守乱点鸳鸯谱的错误,并不是我们选拔的所有干部都合乎科学的管理规律。因此,一定要把任职资格的工作扎扎实实做到底,3~5年内形成自己的合理制度,公司就有了生存下去的希望。"

1998年,在借鉴IBM经验的基础上,华为与英国国家职业资格认证委员会(NVQ)合作,在华为推行任职资格制度。这一制度主要包括三方面:职业发展通道设计、职业能力等级标准制定、职业等级认证。

任正非派副总裁张建国专门到英国去学习职业资格认证制度。回国后主要针对华为的文秘人员,开展企业行政管理资格认证。

依照英国NVQ先进的企业行政管理标准体系,华为开始建立公司的人事管理和人员培训制度,确定文秘工作规范化和职业化的目标,根据公司的实际修订和细化了文秘资格标准,建立了一套华为特色的任职资格考评体系。此外,还在各部门建立资格认证部,形成专门的培训队伍。

通过参加NVQ考评,员工的工作成果得到了认可,自我价值得到了体现,工作主动性迅速增强。这也促进了公司整体管理水平提高,提升了总体效率和竞争力。

在借鉴英国模式的基础上,华为设计了"五级双通道",分为技术通道和行政通道。两条通道都从基层业务员做起,发展成骨干,骨干级别是二级。然后两者出现分叉,行政通道级别由低到高依次为基层、中层、高层管理者；技术通道依次为核心骨干、专家、资深专家。二级员工只有具备了某个专业级别资格才能成为三级管理者。技术人员在获得二级技术资格之后，可以选择管理通道，也可以选择技术通道发展。一旦成长为资深技术专家，即使不担任管理职位也可以享受副总裁级别的薪酬与待遇。这完全摆脱了传统的人才评价标准，以能力为尺度，保证了公平，形成了良性激励机制。

所有管理者不管是"老将"，还是"新兵"，都要根据能力和职业标准之间的差距，不断改进提高。他们必须"持证上岗"，达不到四级任职资格的，不得出任部门总监；达不到五级的，不能担任公司副总裁以上的职位。

华为创业初期，产品技术含量低，市场结构单一，销售靠"土狼"的拼命精神，就可以做好市场。1995年以后，华为交换机研发成功，进入了以开发、销售自主产品为盈利模式的高速发展阶段，技术和服务摆在了首位，因此传统的销售方式亟待转变。

通过职业资格认证，华为虽然培养不出天才的"李一男"，但培养出了成千上万个高度职业化、办事精炼的员工。

3. 客户的压力就是华为的压力

任正非提出，华为要真正为客户着想，努力实现客户的价值，为客户提供满意的产品、服务和解决方案。"客户就是华为的核心竞争力""客户的压力就是华为的压力"。

现在，华为的营销理念真正确立起来了。华为不只是拿到合同，建好网络走人，更重要的是为客户提供好的服务；不是要帮客户解决短期问题，而是要建立长期的友好合作。

任正非一向认为，客户是华为发展的力量源泉，说客户比天大并不夸张。他说，"从企业活下去的根本来看，企业要有利润，但利润只能从客户那里来。华为的生存本身是靠满足客户需求，提供客户所需的产品和服务并获得合理的回报来支撑；员工是要给工资的，股东是要给回报的，天底下唯一给华为钱的，只有客户。我们不为客户服务，还能为谁服务？客户是我们生存的唯一理由！"既然决定企业生死存亡的是客户，提供企业生存价值的是客户，企业就必须为客户服务。

总结华为十几年来的快速发展历程，任正非这样说："公司高层管理团队夜以继日地工作，有许多高级干部几乎没有什么节假日，24小时不能关手机，随时随地都在处理随时发生的问题。现在，更因为全球化后的时差问题，总是夜里开会。我们没有国际大公司积累了几十年的市场地位、人脉和品牌，没有什么可以依赖，只有比别人更多一点奋斗，只有在别人喝咖啡和休闲的时间努力工作，只有更虔诚地对待客户，否则我们怎么能拿到订单？"

为了让新员工得到锻炼的机会，华为一般都会首先分派新员工去市场部工作。华为市场人员经常提到的一句话就是"销售是一段刻骨铭心的经历，没有做过销售的人生是不完整的。"他们在社会的熔炉里得到锻炼。

服务客户是华为的生存之本，一切都要以客户为中心。严冬雪封大地，华为人前去解决客户问题被困在零下20多度的车上；夏天烈日炎炎，外出的华为人挤在超载的长途车上。即便是大年三十,爬上高高的铁塔维修也是家常便饭。他们不分昼夜,坚守在岗位上,维护着华为的声誉。

2003年上半年,华为在吉林移动通信公司的设备连续发生多起质量和人为事故。为此,华为长春办事处对吉林移动智能网设备维护进行24小时监控。为了保证客户的利益,长春办事处工程师魏云峰和吉林移动智能网维护人员,从除夕夜通宵达旦工作到大年初二凌晨;另一名员工邹善甚至掀开地板,探究每一条线路的来龙去脉,分析网络数据。在全体人员的努力奋斗下,问题得到了圆满解决。

2004年3月21日早上,华为员工苗清在出差回来的火车上接到网管中心某科长报告:3月20日晚华为HSTP1(A平面)升级可能造成友商(与华为协作的其他设备提供商)提供的短信设备工作异常,下发成功率很低,已经收到客户投诉。该友商没有技术人员在场,网管中心要协助解决。苗清二话没说,与服务经理下火车后直奔故障机房,经检查,升级后已经测试的所有链路均正常且无相关大问题,这次的问题主要责任不在华为。但他们还是把工作做下去,这位科长大早晨没吃饭就赶来了,问题查出后,本来她可以去吃早餐,但她却坚持说:"既然来了就再工作一上午,能多处理一些就多处理一些事情吧。"在大家的团结协作下,故障排除了。

1997年,刚到华为不久的陈雪志被派往西安办事处,刚上任就碰上了一件棘手的事。订购的设备迟迟不到,延安电信催了许多次,货终于到位了,但又不知哪个环节出问题了。由于到货延期了,再加上不明来路的问题频频出现,延安电信领导火冒三丈,直接把多份投诉信传真发到总部。总部指派一名公司高层与陈雪志一起处理这件事。他们两人从西安乘火车,晚上才到,天气寒冷,寻觅了半天,才找了一家旅店歇脚。第二天,两人去延安电信局,听着对方主管领导的抱怨、怒骂,还要赔着笑脸。两人将客户意见逐条记下来,打算回办事处汇总后处理。当他们赶回办事处时，已经是深夜，寒风凛冽，两人冻得瑟瑟发抖。

对待客户要像春天般的温暖，客户利益至上，客户永远是正确的，急客户之所急，客户比天大，这就是华为的客户服务理念。

4. 先实现客户的梦想

清晰了"以客户为中心"的企业价值观后，企业要思考的问题就是：如何以客户为中心？说白了就是，企业究竟应该如何对待客户？任正非坚持的理念是"以客户的价值观为导向，以客户满意度为评价标准"，其实就是从客户的角度出发，满足客户的需求。

华为在产品研发上的最大的一个特点是，一旦产品立项通过，公司立马就会组建PDT，即由市场、开发、服务、制造、财务、采购和质量人员组成的团队。PDT会在产品开发的过程中起到管理和决策的作用，并通过某些部门的提前加入而更加快速有效地确定客户的需求，以求更有效地提供服务。

"满足客户的需求"，这在华为从来不是一句空话，他们真正做到了从客户角度出发，实现客户的梦想。

印尼M8项目是华为在海外开发的第一个融合计费项目，该项目在整个通信行业都是屈指可数的。华为得到了客户的信任，接下了"全网搬迁原有计费系统"的项目，也接受了对方提出的"在六个月内交付商用"的要求。抛开这个项目不谈,对方提出的期限要求就是一个很大的难题,这个时间基本上只是常规期限的一半。

如此艰巨的任务,对于参与到这个项目当中的所有华为工作者来说,都承受着工作上和心理上的巨大压力。在与客户就项目的问题进行沟通的过程中,华为先后派了四五批专门搞研发的专家团到现场,与客户进行面对面的交流。其中大规模的交流就有两次,每次都有不少于20人的专家参与。华为之所以会这么做,原因很简单,就是要了解客户的真正需求,哪怕是很细微的问题也不放过。华为工作者认为,只有在这些问题上不留死角,最终才能实现优质的交付。此处也体现了华为"实现客户梦想"的决心。

在讨论项目的过程中,双方的五六个团队就待在酒店里,白天开会商讨,晚上还要输出会议纪要,双方还要彼此进行确认。在此期间,当地的华为员工起到了十分关键的作用,他们不但要工作在一线上,还要做翻译,在双方的沟通中担任重要的桥梁角色。研发部的工作人员也十分用心,对客户所提出的问题,他们都尽可能地做出了解答。而对于对方所提出的要求都仔细地进行了分类整理,然后再与客户耐心、坦诚地沟通,直到双方达成一致意见。

有的人认为,这个项目本身时间就很紧迫,华为还花了大量的时间在前期的准备工作中,这种做法是不明智的。但是这个项目完成后,人们不得不承认,正是由于华为在前期投入了大量的人力、物力来做准备工作,准确地把握了客户的需求,在突出重点的基础上确保了工作进度,该项目才最终得以成功地交付客户使用,并在指定的期限内完成了目标。这个项目结束后,华为受到了印尼合作方极高的评价。

任正非指出,没有对客户需求的最精确的了解,就不可能真正地服务于客户。客户的梦想如果不能实现，那么，企业的梦想最终也会成为泡影。所以，任正非将"实现客户的梦想"作为华为的企业使命。

任正非在一次讲话中提到：

十年以前，华为就提出：华为的追求是实现客户的梦想。历史证明，这已成为华为人共同的使命。以客户需求为导向，保护客户的投资，降低客户的CAPEX(资本性支出，指资金、固定资产的投入)和OPEX(运营成本，指当期的付现成本)，提高客户的竞争力和盈利能力。至今全球有超过1.5亿电话用户采用华为的设备。我们看到，正是由于华为的存在，丰富了人们的沟通和生活。今天，华为形成了无线、固定网络、业务软件、传输、数据、终端等完善的产品及解决方案，给客户提供端到端的解决方案及服务。全球有七百多个运营商选择华为作为合作伙伴，华为和客户将共同面对未来的需求和挑战。

华为以客户的需求作为起点，已经在一个阶段取得了成功。那么，华为究竟是如何探知以及满足客户需求的呢？是否也作为发展重点，形成了一定的管理体系呢？

为了了解客户最实际的需求，华为在各个产品线和地区部都成立了Marketing组织。目的就是贴近客户，了解客户的需求，同时将有关客户需求的信息快速有效地反馈给公司负责产品研发的部门，使其针对客户的需要来改进产品。另外还有华为完善的客户服务机构，更是让人感到贴心。总而言之一句话，有华为设备的地方就有华为的服务机构。

相信很多企业在服务客户上都下很多功夫，但真正能够取得成功的还是不多。所以,企业在努力的过程中必须以客户的价值观为导向,然后以客户的满意度作为检验成果的标准。

当年,整个行业出现IT泡沫后,关于制造商的选择,客户们不敢再贸贸然地做出决定了。他们往往会在谨慎地比较后,做出理性的选择。这种情况对于行业内的许多商家来说是极为不利的,任正非却未对此感到担心。当时,各个企业的经营状况都不乐观,这个时候想要通过产品来吸引客户的眼球是不太可能的。在遭遇过危机之后,客户会更加看重企业的运营状况,谁也不愿意找一家随时都有可能倒闭的企业来合作。也就是说,客户不仅选择产品,还要选择公司。任正非抓住了客户的这种心理,也可以说是一种新的价值观。之后,他便着手在公司资源的分配上做出调整。他的目的很简单,就是要让客户看出,华为是一家有实力的公司。

在企业运作相对困难的情况下做出这样的调整,很多人对任正非的这一举动表示怀疑。在一般人看来,越是困难的时候,企业越应该把有限的资源投入到有用的地方去,即所谓的花钱花在刀刃上。面对种种质疑之声,任正非不改初衷,依然坚持自己的做法。对此,他给出了明确的解释:

有些员工老是埋怨华为公司修了两个漂亮楼,浪费。我们在给生产总部做核算时,把玻璃幕墙算在市场部的核算里,作为他们的经营成本进行核算。为什么?因为这个玻璃幕墙是为市场部建的。因为客户来了一看,说这个公司很漂亮,看起来很有实力的样子,把合同给它吧!所以说这个房子也是客户掏钱建的,不是我们掏钱建的,这一点一定要明白。我们是为客户服务,客户看了舒服,我们就为他建。因此,在这个阶段,我们的思路就是使客户对我们寄予一种安全感。这次我们在发展过程中,要在上海要建立一个基地。市场部是少数派，据理力争，最后把我们多数派说服了，修了一个美国AMBOY公司设计的上海研究所的基地，当然也包括市场部的办公机构和展厅。这里面有一条走廊，有22米宽，35米高，650米长，我看里面可以降五架直升机了，可以在房子里面进行飞行表演了。市场部说要把客户吓一跳，把他们震住，把合同给我们。

要想谈下一个客户，就要迎合客户的价值观，任正非想要告诉我们的就是这个观念。道理很简单——道相同，方可与之谋！

客户的价值观于企业而言起着重要的导向作用，是客户满意度的前提，也是企业得以发展的根基。因而，任正非特别重视客户价值观的问题，也在不断地对其加以强调：

客户的价值观是通过统计、归纳、分析得出的，我们必须通过与客户交流，最后得出确认结果，从而归纳出公司努力的方向。沿着这个方向我们就不会有大的错误，不会栽大的跟头。所以，现在公司在产品发展方向和管理目标上，我们是瞄准业界最佳。现在业界最佳是西门子、阿尔卡特、爱立信、诺基亚、朗讯、贝尔实验室等，我们制定的产品和管理规划都要向他们靠拢，而且要跟随他们并超越他们，如在智能网业务和一些新业务、新功能问题上，我们的交换机已领先于西门子了，但在产品的稳定性、可靠性上我们和西门子还有差距。我们只有瞄准业界最佳才有生存的余地。

只有得到客户的认同，企业才有机会为他们服务，为他们实现梦想。也只有这样，企业才能完成自己的使命，实现自己的目标。

5. 客户的利益就是企业的利益

1988年，被华为定义为"服务年"；2000年，华为扛起了"服务的华为，增值的网络"的旗帜；2001年，"你赢，我赢"成为了华为新的服务思维；2003年，华为在IBM的帮助下正式实施"三大转移"（工程向合作方转移、维护向用户转移、客服中心向技术支援转移）的服务战略；2008年，"新运维，新价值"作为华为服务理念新鲜出炉……

以上就是华为服务理念的一个发展简史，它呈现出了华为自创立以来在客户服务理念上的飞跃。人们看到的是华为在落实"以客户为中心"这一核心理念时所做出的努力以及他们所取得的进步。

华为的服务理念一直在不断地更替，但企业的核心价值观是不变的，那就是：以客户为中心，聚焦客户关注的挑战和压力，提供有竞争力的通信解决方案和服务，持续为客户创造最大价值。

当任正非提出将"实现客户的梦想"作为华为的发展目标时，很多人就在思考：客户在意的到底是什么？其实，答案就如人们所想的那样简单——利益。当然了，它不单单指利润，也包括客户想要在这个商业过程中所期望得到的其他价值。在这个问题上，任正非就有一个清晰的认识。

企业不能只为实现股东利益最大化，也不能以员工为中心，管理的任务是争得为客户服务的机会，因为客户是企业价值的源泉，没有了客户，企业就失去了立足之本。现代企业竞争已不是单个企业与单个企业的竞争，而是一条供应链与供应链的竞争。企业的供应链就是一条生态链，客户、合作者、供应商、制造商命运在一条船上。只有加强合作，关注客户、合作者的利益，追求多赢，企业才能活得长久。因为只有帮助客户实现他们的利益，华为才能在利益链条上找到自己的位置。只有真正了解客户需求，了解客户的压力与挑战，并为其提升竞争力提供满意的服务，客户才能与你的企业长期共同成长与合作，你才能活得更久，所以需要聚焦客户关注的挑战和压力，提供有竞争力的通信解决方案及服务。

任正非提出这样的观点，并不是说他不在乎企业和员工的利益而完全服务于他人，恰恰相反，他正是出于对企业长期发展的考虑，才会提出这样的理念。在任正非看来，只考虑自身利益的企业，很难长久地做下去。

一切商业行为都是围绕利益展开的，商人无利而不往，这是买卖的起点，也是建立客户关系的根本前提。但是，作为一个商人，如果只关注自己的利益，那么他将很难找到可以长期合作的伙伴。要知道，一个没有稳定客户资源的企业，随时都有可能面临倒闭的危机。所以说，努力为客户创造价值其实是一件双赢的事。就单纯地拿利益来说，你让客户挣到钱了，他自然就愿意依附于你。这样一来，企业的利润还需要发愁吗？

正所谓"有舍才有得"，任正非也是基于这一点提出了"多让些利益给客户"的观点。只有帮助客户成功了，企业才能走向成功。这便是任正非给予人们的启示。而为了更有效地帮助客户创造更大的价值，任正非又提出了"深淘滩，低作堰"的全业务运营理念。

他在一次表彰大会上讲道：

"深淘滩，低作堰"是李冰父子两千多年前留给我们的深刻管理理念。同时代的巴比伦空中花园、罗马水渠……已荡然无存，而都江堰仍然在灌溉造福成都平原。为什么?李冰留下"深淘滩,低作堰"的治堰准则是都江堰长盛不衰的主要诀窍，其中蕴含的智慧和道理，远远超出了治水本身。华为公司若想长存,这些准则也是适用于我们的。深淘滩,就是不断地挖掘内部潜力,降低运作成本,为客户提供更有价值的服务。客户绝不肯为你的光鲜以及高额的福利多付出一分钱的。我们的任何渴望,除了用努力工作获得外,别指望天上掉馅儿饼。公司短期的不理智的福利政策就是饮鸩止渴。低作堰,就是节制自己的贪欲,自己留存的利润低一些,多一些让利给客户,以及善待上游供应商。将来的竞争就是一条产业链与一条产业链的竞争。从上游到下游的产业链的整体强健,就是华为生存之本。物竞天择,适者生存。

任正非在其他企业的生死存亡中得到了一些启示,很多企业为了眼前的利益而节约成本,从而忽视了技术上的研发和创新,甚至在营销上的投入也减少了,直接找外包公司来做。结果,这些企业可能取得了一时的风光,但最后都一点点地走向没落,从此成为无人问津的失败者。在金融危机的环境下,这种现象更是屡屡发生。灾难面前,它们之所以躲不过,就是败在了核心竞争力这一关键关节上。金融危机之于电信行业而言,尤为如此。

于是,任正非提出了"深淘滩,低作堰"的战略,目的就是在对内和对外两个方面做好充分的准备。对内而言,深度挖掘自身的潜力是为了加强企业的核心竞争力,即在研发和营销上多投入、多探索,以保证企业的根基。对内的挖掘是为了更好地对外展现实力,这时还要以"低作堰"来加强保障,就是舍得让利。这样一来,无论企业遭遇怎样的金融危机,它都可以安然度过。因为,只有客户是企业最直接的保障。

为了实现共赢，让利是比较直接的方式，除此之外还可以走一些间接的途径。在这一点上，任正非的远见卓识依然得以体现。

2008年的金融危机致使全球的很多行业都发生了或多或少的变化，电信行业也逃脱不掉，走上了从传统电信业转型为信息服务业的道路。在一个阶段内，他们最主要的任务就是找到新市场。在这样的背景下，华为重新部署了传统电信服务网络，旨在帮助运营商快速进入目标市场，从而抓住投资的先机。此时，尽快部署网络是华为的首要目标及核心任务，其目的就是帮助客户抢占市场先机。

华为之所以能够在这场战役中成功转身，从一些数字上就可以找到原因。2009年，华为仅在上半年就部署了26万多个无线站点。按照这个速度来看，几乎每分钟都有一个华为所承建的站点上线。这样的交付效率并不容易达到，所以它也成了华为的核心竞争力。

华为所构筑的一流的交付平台为客户抢占市场先机提供了有力的保障，因而华为必然会成为首要的选择。

任正非说："客户的利益就是我们的利益。通过使客户的利益实现，进行客户、企业、供应商在利益链条上的合理分解，各得其所，形成利益共同体。"

企业能够为客户提供的不止是产品本身，但凡是客户需要的，都应该是企业关注的，且都可以发展成为有效的竞争力。为客户创造利益的本身就是为企业自身创造利益，"共赢"的理念是不变的真理。

6. 像经营产品一样经营客户

　　做企业的人都知道企业的生存系于客户的道理,因而也都十分重视客户关系的经营。那么,华为在这一点上与其他企业之间到底有什么不同呢?区别在于华为不仅仅是将其作为发展和管理企业的一种理念来宣传, 更是将其落实到了市场营销与业务拓展中来,让其发挥实质的作用。华为真正做到了将客户关系作为一门科学在研究,就像他们所研发的产品一样。

　　华为为此还专门提出了一个"一五一工程",意思是一支队伍、五个手段和一个资料库。其中的五个手段包括:参观公司、参观样板点、现场会、技术交流、管理和经营研究。这是华为为客户设下的一个专门的服务体系,是华为制度化的一个组成部分。它是员工必须奉行的一个准则,也成了华为的企业文化之一。

　　另外,华为在营销战略上有两条线,一条是产品线,一条是客户线。产品的营销主要包括售前、产品宣讲、技术交流、答标、市场策略等工作;客户的营销则具体包括关注客户的家人,关注客户的一举一动,关注客户的喜好以及需求等。

　　华为在客户的营销上的确做得非常细致,刘平在《华为往事》中写道:"为经营好客户关系,华为人无微不至……能够从机场把对手的客户接到自己的展厅里;能够比一个新任处长更早得知其新办公地址,在他上任第一天将《华为人》报改投到新单位。这些并不稀奇的'常规武器',已经固化到华为企业制度和文化中了。"

不可否认，正是因为华为的用心经营，其客户关系才得以慢慢地渗透到了市场的每一个角落。

任正非在一篇题为《天道酬勤》的文章中写道：

设备刚出来，我们很兴奋，又很犯愁，因为业界知道华为的人很少，了解华为的人更少。当时有一个情景，一直深深地印在老华为人的脑海，经久不褪：在北京寒冬的夜晚，我们的销售人员等候了八个小时，终于等到了客户，但仅仅说了半句话——"我是华为的……"就眼睁睁地看着客户被某个著名公司接走了。望着客户远去的背影，我们的小伙子只能在深夜的寒风中默默地咀嚼着屡试屡败的沮丧和屡败屡战的苦涩。是啊，怎么能怪客户呢？华为本来就没有几个人知晓啊。

由于华为人废寝忘食地工作，始终如一虔诚地对待客户，华为的市场开始有了起色。友商看不到华为这种坚持不懈的艰苦和辛劳，产生了一些误会和曲解，不能理解华为怎么会有这样的进步。还是当时一位比较了解实情的官员出来说了句公道话："华为的市场人员一年内跑了500个县，而这段时间你们在做什么呢？"当时定格在人们脑海里的华为销售和服务人员的形象是：背着我们的机器，扛着投影仪和行囊，在偏僻的路途上不断地跋涉……

人们形象地形容道：华为在以宗教般的虔诚感动客户。最初，华为的市场就是这般得来不易。所以，华为人更懂得每一个客户的珍贵之处。

另外一个值得研究的是，对待不同客户之间的差异问题。华为提出了普遍客户的概念，是相对于关键客户而言的。客户对于任何企业来说都是有区别的，有的是大客户，有的是小客户。一般企业在对不同的客户时是有所差别的,这是一个不可否认的事实。但在华为,客户不分大小,职务不分高低,只要是和产品销售有关的人员,必须全面攻克。

任正非就对此做出了解释,他在一次讲话中提到:

我们有二百多个地区经营部。有人说撤销了可以降低很多成本,反正他们手里也没合同,我们还要不断地让他们和客户搞好关系。我相信这就是我们与西方公司的差别。我们每层、每级都贴近客户,分担客户的忧愁,客户就给了我们一票。这一票,那一票,加起来就好多票,最后,即使最关键的一票没投也没有多大影响。当然,我们最关键的一票同样也要搞好关系。这也是我们与小公司的区别,做法是不一样的,小公司大多很势利。我在拉美时,与胡厚崑谈话,胡厚崑讲到了拉美市场拒绝机会主义。有合同,呼啦啦就来了,没合同,呼呼呼就走了。我认为他们的关系是不巩固的,至少普遍客户关系不巩固。

在华为人的眼中,客户都是一样的。他们不会轻视订单量小的客户,在合作的过程中也不会一味地与对方的高层领导接触。

一年春节,黑龙江的设备出现了问题,一个本地网交换机中断。华为的一位主要负责技术人员人在深圳,但他还是在24小时之内赶到了事发地。技术人员经过检查发现,该客户在网络上运行着的机型有很多种,而出现问题的设备并不是华为的。另外,出现故障的设备的厂商一直没有回信。华为的技术人员见状就主动帮助客户对故障设备进行了检修,最终机器得以顺利运行。

很多企业对客户关系的经营主要发生在售前，客户的售后服务根本得不到保障。但在华为，客户关系的经营是贯彻始终的。

华为在客户关系的经营中还提到，要建立从上到下的全方位客户关系。很多人在与客户交涉的过程中只与对方的高层领导或项目负责人接触，这是很多企业洽谈业务的作风，但这偏偏就是客户关系经营的一种局限。华为如今能拥有如此庞大的客户群以及牢固的客户关系，同其所编织的从高层到执行层的关系网络密切相关，华为与各地区电信局的合作就是一个最好的例子。

华为刚成立的时候，跨国公司在电信行业内占据着巨大的市场份额，他们多与省级单位合作，因而总有一些县级地区顾及不到。当时的县级电信局是有采购权的，这对华为来说是一个相当不错的契机。后来，县局的采购权被收回，全部收至省局，但华为在县级地区的投入却并没有撤回，也没有减少。

后来，中国电信再次陷入分拆局面，电信运营商增至七个。跟随这一脚步，华为也相应地成立了七个运营商系统部，从运营商的总部到省分公司都设立了分支机构。另外，运营商的采购权被收回后，除了地市公司之外，省公司的部分采购权也被收回，大都开始采用集中采购的方式。这时，相对于那些原本只做总部和省公司的跨国公司而言，华为的局面变得非常不利。就这样的情况来看，一般人会选择撤出地市公司的销售渠道，然后将资源投入到更有发展的市场上去。然而，华为最终的做法让人大跌眼镜。任正非不走寻常路，反而在那些地区投入了大量的人力和物力。他们在各地建立起了客户服务中心，更加贴近客户，依然诚心地为他们提供服务。

华为所采取的一系列举措让人震惊。可事实上，华为看重的并不是县局的决策权或购买权，而是他们对设备的建议权和评估权，他们在集中采购的过程中同样发挥着重要的作用。华为重视客户，为客户全方位提供服务，所以才会被客户重视，才会被选择。

7. 低调的智慧

任正非执着地认为，客户是华为的生存之本，为客户服务是他和华为的职责。而对于媒体和其他知名人士，他主张"守拙"，不要过分招摇。

任正非带着华为轰轰烈烈闯出了一番成就，但是他始终戴着一层神秘的面纱，躲在幕后半遮面，使人看不清"庐山真面目"。无论是2000年荣登《福布斯》杂志富豪榜，还是2003年与思科的激烈交锋；无论是地方领导参观，还是大腕媒体的采访邀请；无论是"全球最有影响力的IT名人"，还是"最受尊重的企业家"。他都不屑一顾，他拒绝领奖，也拒绝接受采访。如果说有人想拜访他的话，还真有点难度。

对于媒体，他也十分冷淡。他经常说："媒体有它们自己的运作规律，我们不要去参与。媒体说你好，你也别高兴，你未必真好。"他在解释为什么不接受媒体采访时说："我们有什么值得见媒体？我们天天与客户直接沟通，客户可以多批评我们，他们说了，我们改进就好了。对媒体来说，我们不能永远都好呀！不能在有点好的时候就吹牛。"

但是，有些人要见他是很容易的，那就是客户。任正非是一个极其现实的人，这也是大多人的共同特点。他说："我不是不见人，我从来都见客户的，最小的客户我都见。"

2004年4月22日，华为与文莱电讯公司合办了一个国际研讨会，在当时文莱最豪华的酒店举行。华为邀请了全球40多个运营商，一起讨论文莱下一代网络的商用部署和市场发展。

那天一大早，任正非就西装革履地站在会议大厅门口，手握一大沓名片，见到进场的客户，无论大小、中外，都挨个儿亲自送上自己的名片，面带微笑、毕恭毕敬，操着带些乡音的普通话说："我是华为的，我姓任。"

任正非只见客户，而且是偏执地只见客户。2002年，摩根士丹利首席经济学家斯蒂芬·罗奇带领一个机构投资团队来到华为总部，任正非只派副总裁费敏接待。事后罗奇感到很遗憾地说："他拒绝的可是一个3万亿美元的团队。"但任正非却不以为然，"他又不是客户，我为什么要见他？如果是客户的话，最小的我都会见。他带来机构投资者跟我有什么关系呀？我是卖机器的，就要找到买机器的人呀。"

一次某前任部级官员专程从北京赶到深圳华为总部，希望能见任正非一面。负责引见的人员说得口干舌燥，任正非也没给人家面子。没办法人家只好原路返回了。

李嘉诚曾经说："保持低调，才能避免树大招风，才能避免成为别人进攻的靶子。如果你不过分显示自己，就不会招惹别人的敌意，别人也就无法捕捉你的虚实。"任正非正是深谙其道。任正非执着地认为，华为的生存之本在于客户，为客户服务是他和华为的职责。至于媒体,他选择敬而远之。

另一位企业家,顺丰的王卫也是如此。

王卫谦和低调,公司成立20年,公开露面次数仍保持个位数。王卫很少接受媒体专访,网上也极难找到其照片。少有的几次采访中,当被问到为何保持低调作风时,王卫称:"低调一点对于管理企业也有好处,没有员工认得出你来,你才可以深入到基层去了解到最真实的情况。"

"顺丰绝不是故意地保持低调,它就是这样内敛,只能慢慢改变。"李雅(化名)是顺丰总部公共事务部经理,曾在刚进入公司的前两年试图改变顺丰对于外界的神秘形象,但她多次尝试之后觉得太难,最简单的例子是,倘若随便叫一位顺丰的副总或高管出现在公开的场合,都会让他们尤其紧张。而鉴于王卫的低调,在和顺丰的多位高层接触时,他们大多都在采访结束后为难地表示要隐去职务和姓名,理由是:"王卫都如此低调,我们最好不要出来抛头露面。"有一位副总更是直言:"出来说多了,不管是经验还是困难,但最终的压力会施加到公司内部,与其这样,不如脚踏实地地干,这样心里踏实。"

在顺丰优选的总裁刘淼看来,王卫是他见过的最有钱的工作狂,这多半源于王卫创业初期保留下来的职业习惯。19年来,他每天工作14个小时再正常不过。有高管说王卫是那种很有危机感的人,三个月没有创新和变革,就会让他有危机四伏的感觉。

刘淼如今回忆起10年前和王卫相识的情景,依然觉得好笑。当时,刘淼带着王卫去见单位的部门领导,却被领导误认为是刘淼的司机。在刘淼看来,10年前的王卫和现在区别不大,他穿着简单但干净利落,白衬衫、牛仔裤、双肩包、运动鞋是他经常的装束。正是这样一个朴素至极的人仅用20年的时间就颠覆了中国快递行业的奇迹。

有这样一副对联,写得十分有趣,可以说是道出了低调做人的真谛。上联是:做杂事兼杂学当杂家杂七杂八尤有趣,下联是:先爬行后爬坡再爬山爬来爬去终登顶,横批是:低调做人。低调做人就意味着"高",同时也是深"藏"不露,"高"是"藏"的前提,只有这样,才称为"低调"做人,正是这深"藏"不露,才使"低调"拥有了特殊的魅力。

低调,并不是与世隔绝,而是在社会交往中保持一个真正的自我,不管名有多显、位有多高、钱有多丰,面对纷繁复杂的社会,也应该保持做人的低调。山不解释自己的高度,并不影响它耸立云端;海不解释自己的深度,并不影响它容纳百川;地不解释自己的厚度,但没有谁能取代它孕育万物的地位。低调做人,是一种境界,一种风范,更是一种哲学。

第六章

用"灰度"管理团队，让合作推动华为

1. "灰度"管理：开放与妥协

企业要跟上时代的步伐，就要不断地变革。这是最基本的前提，任正非也深知这一点。于是，二次创业时，为了与国际管理接轨，华为进行了一系列变革。此时，任正非便提出一个灰色观点，以实现管理上的变革。

变革初期，公司的各项管理都十分严格，但当各种变革措施落实到实践，一切管理实现流程化、制度化之后，公司的管理松弛度就发生了变化，一改以往的严厉作风，而更多地要求干部和各部门主管学会"灰色"管理。

最初，很多管理人员不理解什么是灰色。任正非为他们做出了讲解，灰色思维打破了矛盾着的事物所呈现出的一分为二的状态，矛盾着的事物不再以单一的"非黑即白""是非立辨"的形式出现，人们可以在介于二者之间的地带做出判断和选择。

那么,采用这种管理思想的原因又是什么呢? 任正非解释道:

我们处在一个变革时期,从过去的高速增长、强调规模,转向以生存为底线,以满足客户需求为目标,强调效益的管理变革。在这个变革时期,我们都要有心理承受能力,必须接受变革的事实,学会变革的方法。同时,我们要有灰色的观念,在变革中不要走极端,有些事情是需要变革,但是任何极端的变革都会对原有的积累产生破坏,适得其反。

任正非认为,如果不要求管理者持灰色的理念进行管理,企业的变革就很容易走上极端,那么华为将无法实现与国际管理接轨的战略目标。另外,业务的整合调整、利益的重新分配等也都是变革的必经之路,而为了消除这些变动所带来的负面影响,管理者也必须利用灰色管理的方式来处理其间产生的矛盾,如此才能找到均衡各方的平衡点。如果立场太过鲜明的话,只会激化矛盾而不能解决问题。最后,面对企业的变革,管理者也需要用新的思维来应对,而此前的精确管理模式已经不能适应企业的发展了。

在变革中,任何黑的、白的观点都是容易鼓动人心的,而我们恰恰不需要黑的或白的,我们需要的是灰色的观点。介于黑与白之间的灰度,是十分难掌握的,这就需要领导与导师的水平。没有真正领会的人,不可能有灰度。

在新思想的指导下,领导者的职责也被重新进行了调整,即:创建正确的组织评价体系,使个人追求与组织目标相统一,同时,能容忍每个人不同个性的自由张扬,但又要疏导和抑制自我情绪对他人和组织的破坏性影响。

任正非的灰度管理哲学不禁让人想到了传统的中庸之道。中庸之道是中国传统文化中儒家的经典代表,它主张的是"取中贵和",讲求的是"不偏不倚",即凡事取折中之法。而通过中庸之道,人们又想到了企业管理中的妥协智慧——妥协、宽容、让渡等。

在很多人看来,企业中的妥协式管理是不明智的,甚至会成为阻滞企业发展的绊脚石。不过,任正非所讲的妥协与人们以往的认识是有所区别的,他的这种管理模式非常务实,而且通权达变。

为了达到主要的目标,可以在次要的目标上做适当的让步。这种妥协并不是完全放弃原则,而是以退为进,通过适当的交换来确保目标的实现。明智的妥协是一种让步的艺术,妥协也是一种美德,而掌握这种高超的艺术,是管理者的必备素质。

任正非所提倡的"灰度"不是简单地将西方的管理理论移植过来,而是结合自身的实际发展状况,将中国的传统管理理念也融到了里面。更准确地说,西方的方法更多的是起到了标准化的作用,运用它的科学性和严谨性来改良中国企业的管理模式,而又不违背传统的管理原则。事实证明,他的尝试成功了,所以华为有了更可观的发展。

2. 破除"木桶效应"

华为发展的初期阶段,任正非曾多次出访日本,在看到了日本企业的精细化管理后,任正非意识到了华为企业管理中存在的问题——粗放、低效、发展不均衡等。于是,任正非在他提出的"2001年管理十大要点"中将均衡发展作为了华为管理任务的第一条。

任正非曾在《北国之春》一文中强调：

华为组织结构不均衡，是低效率的运作结构。就像一个桶装水多少取决于最短的一块木板一样，不均衡的地方就是流程的瓶颈。

相信很多人对管理学中的"木桶理论"并不陌生，即一个木桶能盛下多少水，是由最短的那一块木板决定的。

在管理改进中，一定要强调改进我们木板最短的那一块。为什么要解决短木板呢？公司从上到下都重视研发、营销，但不重视理货系统、中央收发系统、出纳系统、订单系统等很多系统。这些不被重视的系统就是短木板，前面干得再好，后面发不出货，还是等于没干。因此全公司一定要建立起统一的价值评价体系，统一的考评体系，才能使人员在内部良性流动成为可能。比如有人说我搞研发创新很厉害，但创新的价值如何体现，创新必须通过转化变成商品，才能产生价值。我们重视技术、重视营销，这一点我并不反对，但每一个链条都是很重要的。

很显然，企业的成功不单单是几个人的功劳，而是取决于它的整体状况，任何一个突出的薄弱环节都可能成为企业的硬伤。而"木桶理论"充分表明，对企业而言，"最短的木板"就是它的劣势，而且是决定生死的劣势。

从华为的前期来看，企业的重点是经营，对于当时的华为来讲，这无疑是明智的。因为那时的华为还很弱小，先存活后发展，这是必然的道理。特别是像华为这样的高科技公司，要壮大就必须将企业的效益放在第一顺位。不过，几年后，华为就依据现状转换了战略重点，通过引进世界一流企业的管理体系，来强化内部的管理。

华为在迅速地成长，管理的"短木板"日益凸显，这已严重影响到华为的可持续发展。为了克服这一弊端,任正非大刀阔斧地进行改革,积极借鉴先进的管理经验改造华为。

为了弥补管理上的短板,华为开始强化管理,推行以IPD(集成产品开发)、ISC(集成化供应链)为核心的管理变革。《华为的冬天》在这个时候应运而生。

2001年的春天,任正非在华为科级以上干部大会上的讲话《2001十大管理工作要点》的内容,被题名为《华为的冬天》在各大企业管理者中间广泛传播。许多企业的领军人物在读过之后纷纷认为"这篇文章说出了所有干企业的人的感受"。联想总裁杨元庆就是这篇文章的积极推荐者。

华为的均衡发展策略无疑是成功的,吴春波在其题为《华为:均衡发展模式的成功》的文章中写道:"2005年,伴随着华为国际化步伐的加快,华为重新梳理了自己的使命愿景和发展战略。其战略定位于:为客户服务是华为存在的唯一理由,客户需求是华为发展的原动力;质量好、服务好、运作成本低,优先满足客户需求,提升客户竞争力和盈利能力;持续管理变革,实现高效的流程化运作,确保端到端的优质交付;与友商共同发展,既是竞争对手,也是合作伙伴,共同创造良好的生存空间,共享价值链的利益。

从上述战略不难看出,华为的战略既关注经营(第一条),又关注管理(第二条);既关注企业外部(第一条与第四条),同时也关注企业内部(第二条与第三条)。可以说基于其经营管理哲学的华为战略,是一个充满了均衡的战略。

不过,均衡发展所取得的还只是阶段性的成功,均衡的道路还要一直走下去。一次,任正非在华为大学干部高级管理研讨班上发表的讲话中还在强调均衡发展的问题：

> 过去公司采取的是"强干弱枝"政策，要加强组织均衡管理。什么叫"强干"？过去是重市场研发，现在是重研发市场，忽略了公司均衡发展，我们的"枝"很弱，要从干部管理这方面开始改变。

> 我们公司是重技术不重管理，西方则是管理重过技术，我们再也不能走"强干弱枝"的道路了。我们的高层干部都想不到要均衡发展，怎么可能让基层干部和基层员工想到均衡发展？我们要跳出固有思维方式，要在各个领域全面发展，做不好这一点，我们就不具备全球业务运作的能力。

企业要想获得最后的胜利，必然要实现动态上的平衡。华为已经通过实践充分证明，均衡是支撑企业发展的软实力，是一种不可战胜的力量，从企业整体来看，均衡发展的目标要在几个层次上实现：在个体层面，是实现个人能力与工作职责的动态均衡；在组织层面，是实现部门经营目标与管理效率的动态均衡；在公司层面，是实现功与利、经营与管理、组织战略目标与组织能力的动态平衡。

3. 唱反调的"蓝军参谋部"

在回应"反攻美国"的问题时，任正非再次提到了华为的"红军"和"蓝军"。这一话题吸引了大众的眼球，因为许多在华为工作了很多年的员工都不知道公司竟然还有这样一个听起来如此有趣的部门。

华为在公司内部的战略与发展委员会下设了一个特殊机构——蓝军参谋部。其主要职责包括：

①从不同的视角观察公司的战略与技术发展，进行逆向思维，审视、论证红军战略、产品、解决方案的漏洞或问题，模拟对手的战略、产品、解决方案策略，指出红军战略、产品、解决方案的漏洞或问题。

②建立红蓝军的对抗体制和运作平台，在公司高层团队的组织下，采用辩论、模拟实践、战术推演等方式，对当前的战略思想进行反向分析和批判性辩论，在技术层面寻求差异化的颠覆性技术和产品。

③协助各BG(运营中心)的蓝军部建设，负责蓝军体系的流程、平台建设和运作，组织进行经验与能力的共享。

准确来说，"红军"代表的是企业现行的战略发展模式，而"蓝军"代表的则是其竞争对手或挑战现行战略发展模式的新思维。相对于"红军"而言，"蓝军"的主要任务其实就是与其唱反调，虚拟各种反对"红军"的声音，模拟各种信号，甚至制造一些危言耸听的言论或警告，以使红军时时处于危机之中。

任正非的说法或许更直白一些——"蓝军"要想尽办法来否定"红军"。任正非其实是希望通过这种特殊的自我批判方式，为企业提供有价值的或决策性建议，从而确保华为始终走在正确的发展道路上。

有人表示不解：这种"红蓝对抗"的模式何以称得上是自我批判？答案很简单，不管是"红军"还是"蓝军"，都是由华为的内部队伍组建的。表面上看，他们是敌人，可实际上他们都是自己人，自己人对自己人的批判，难道还不算是自我批判吗？

负责唱反调的"蓝军"在华为并不是一个新的组织，因为早在十多年前，这个部门就已经成立了。所以，华为的批判精神由来已久，而任正非本人也始终在强调在自我批判中进步的观念。另外，华为内部还不时举办理性的民主生活会，其不变的主题就是批判与自我批判。

那么，华为究竟为什么要进行自我批判呢？相信很多人都想知道答案，任正非对此做出了解释：

华为还是一个年轻的公司，尽管充满了活力和激情，但也充塞着幼稚和自傲，我们的管理还不规范。只有不断地自我批判，才能使我们尽快成熟起来。我们不是为批判而批判，不是为全面否定而批判，而是为了优化和建设而批判，总的目标是要帮助公司整体核心竞争力的提升。

我们处在IT业变化极快的十倍速时代，这个世界上唯一不变的就是变化。我们稍有迟疑，就失之千里。故步自封，拒绝批评，扭扭捏捏，就会止步于此。我们是为了面子而走向失败，走向死亡，还是丢掉面子，丢掉错误，迎头赶上呢？要活下去，就只有超越，要超越，首先必须超越自我。超越的必要条件，是及时去除一切错误，去除一切错误，首先就要敢于自我批判。

自我批判说白了就是自我否定，它不止要求人们对所犯的错误加以否定，还包括对以往成功经验的批判。不可否认，要做到这一点是需要人达到一定境界的。

然而，华为要想获得更好的发展，就必须将其作为一个硬性的指标来执行。因而华为做出了明确的规定：对于没有自我批判意识的员工，各部门的领导不能提拔；两年后，如果还不能掌握和使用这种自我管理方法，作为管理人员必须降级使用。

华为是以一种强硬的方法来实现自我批判理念的顺利推行，其最终目标是实现组织的改造与优化以及整个企业的向前推进。而华为所获得的快速成长，也是其管理团队不断否定过去，否定自我的结果。

没有自我批判，克服中国人的固有不良习气，我们怎么能把产品造到与国际一样的高水平，甚至超过同行。他们这种与自身斗争，使自己适应如日本人、德国人一样的工作方法，为公司占有市场打下了良好基础。如果没有这种与国际接轨的高质量，我们就不会生存到今天。

在某段时期内，华为及其领导层遭到了互联网上不少负面信息的攻击。从信息的内容来看，明显是华为内部的员工的"杰作"，其中充斥了抱怨、抨击以及所谓的"揭秘"等内容。面对这样的状况，公司高层展开了激烈的讨论，目的是找到一个及时有效的应对措施。最终，管理者们的意见还是达成了统一，即保持灰度、开放、妥协的态度。

在任正非看来，"人多嘴杂"并不一定是一件坏事。不满的意见也是一种客观现实，这说明华为是存在问题的。至于这个过程中产生的负面影响，靠堵和查是不能解决的，反而容易陷入恶性循环的舆论怪圈。于是，公司经商议决定成立"心声社区"，其主要职能是鼓励员工就公司的制度、政策、决定等发表意见和看法，不好的、不赞成的观点都可以，员工之间也可以进行自由辩论。也就是说，这个"社区"是一个民主论坛，人们可随意发表意见。而几年后，这个论坛竟真的成了华为高层领导收集民意、倾听员工心声的重要平台。

2012年1月，华为搜集了员工在"心声社区"上反映的意见，并以专题汇总的方式编辑成《公司问题》，随后便将其分发给公司高层领导和各级干部进行讨论和反思。

任正非也曾表示说："当初做这个决定是冒了风险的，现在看来这风险是冒对了。这也证明了一条道理，人的思想是不能被禁锢的。让人说话天不会塌下来，而且还能起到'补天'的作用，要相信'人必有一善，集百人之善，可以为贤人；人必有一见，集百人之见，可以决大计'"。

由此可见任正非的远见卓识，他一直以一种包容的心态来面对企业内部的不同之声，这也是自我批判的一种体现，即先接受他人的批判，并以此作为基础来进行自我反思。

当初，华为为了获取更多的意见，刻意在公司倡导和配置反对的声音，因而在组织体系上构建了"蓝军"。如今来看，"蓝军"的效用并不是一时的，它可以持续在组织中发挥效能。

因而，任正非特意强调了它的重要意义："我们在华为内部要创造一种保护机制，一定要让'蓝军'有地位。'蓝军'可能胡说八道，有一些疯子，敢想敢说敢干，博弈之后要给他们一些宽容，你怎么知道他们不能走出一条路来呢？"

华为善于从"蓝军"的优秀干部中，选拔"红军"司令。任正非坚信，只有能够打垮华为的人，才是企业未来真正的主人。即只有看到华为短处的人，才知道改革应该顺着什么方向进行。这便是"红军"和"蓝军"对抗的最终目的。

4. 关注细节，从小事抓起

大多数中国人奉行中庸之道，待人接物不偏不倚，但是很多时候走到了极端，发展成折中主义。很多中国人做事从来就不是完美主义者，他们总是稀里糊涂，差不多就行，缺乏一丝不苟的严谨态度。严谨的德国人却与之相反,就拿寻找掉在地上的针来说,他们会在地上画出一个"井"字,每个地方找一次,既省事又快捷;而我们经常就是遍地找,扎到手就找着了,既费时又费力。

华为印度研究所的印度籍员工经常就一些小事,询问华为人有没有流程支持。这让华为人觉得不可思议。一次,一位新来的印度质量管理人员正在逐步熟悉公司的各个项目编号,他突然问同事何丹,公司各项目编号的命名过程是否有相应的流程。何丹顿时觉得好笑,项目编号哪里需要什么流程!随便造一个不就得了吗?何丹知道自己公司没有这个流程,就问他以前在的公司有没有。这位印度同事一本正经地告诉他说:在印度本土公司,项目的编号不是随随便便造的,一个项目编号将牵涉从相关部门与客户开始联系,到签订合同,再到安排各职能部门协助等各个环节,而且每个环节必须十分紧凑。何丹不禁大吃一惊,回想以前自己和同事都是差不多原则,凑合着完成任务,不禁由衷的钦佩。

世界上许多跨国大公司已经形成了一套完整的流程运作体系,既经济又效益。DELL公司把所有的交易数据都放在互联网上,每天可以与一万多名客户进行直接对话,以倾听客户的诉求;同时,DELL还同供应商进行电脑间的直接连接,DELL的所有需求都可以即刻在供应商那端显示出来,这样避免了人为操作的重复劳动,信息传递快捷、准确。信息资源共享,DELL能够在第一时间了解客户的需求,并迅速向前端反馈,及时做出答复。这一机制,满足了客户的个性化需要,也将信息滞后的损失降低到了最低。

任正非取人之长,比照DELL的服务模式,建立起华为电子化客户服务流程系统。

任正非把重视程度提到了员工培训课程中。一般是华为员工在接受培训的第三节课上，会进行两天的扎线，这是一种将交换机等机器设备内部大量连接线按照一定的规则捆绑，从而使其整齐、便于检测的工作。这种培训和考核看似简单，实则不易。新员工必须严格按照扎线的流程，将电源线、告警线和半波线等分别插上，再按照一定的顺序捆绑整齐，彩色线在外，不能有交叉。有的员工按照流程，一小时就搞定了；有的员工不遵循流程，一上午的时光白费了还搞不成；还有许多老员工，按照自己的习惯想当然处理，结果老是出错。通过这种严格的培训，增强了员工按流程办事的意识。

2002年，华为ERP系统、ISC系统等核心业务系统全面通过网络支持，来完成内部生产管理、财务管理、销售管理及合作伙伴协作。采用"洋为中用"的管理模式，华为大大提高了效率，管理走出混沌，在事业征程上迈上了一个大台阶。

管理贵在坚持不懈，贵在关注细节，贵在从小事抓起。企业一旦形成了制度，不但要认真去遵守，而且还要善于与管理中的日常小事作斗争，善于抓小事，正所谓"勿以善小而不为，勿以恶小而为之"，在日常管理中正是因为这些小事被忽视，才往往铸成大错。

海尔的管理层有一句名言："要让时针走得准，必须控制好秒针的运行。"这句话说明对小问题加以管理的重要性。海尔的掌门人张瑞敏就经常称赞执行总裁杨绵绵是一个很善于抓事关全局的"小事"的人。她可以通过一个很容易操作的模式，把"小事"变为大局面。当海尔老总们在北京商场的海尔专柜上具体过问一些细节小事的时候，很多同行业的老总说："你们都做到这么大的老板了，还抓这么细小的事,真是不可思议。"张瑞敏的回答是:"企业管理中我信奉这么一句话,每天只抓好一件事就等于抓好了一批事。因为每一件事都不是孤立的,抓好了一件事会连带着把周围的一批事都带动起来。"

海尔冰箱二厂厂长在广州出差期间,厂里的员工上班打瞌睡,正好被张瑞敏抓到。张瑞敏因为这件事加倍处罚了厂长。张瑞敏认为,这件事反映了当时干部中的一种普遍思想倾向,觉得企业发达了,日子好过了,多少有些骄傲自满的情绪,"企业发展到今天,自己没有功劳也有苦劳,即使工作中出点毛病,也不能像过去创业时那样惩罚了。"这样的想法是十分危险的,这种趋向性的问题应该是单位领导紧抓不放的。张瑞敏拿这位厂长开了刀,以威慑整个集团的干部。虽然张瑞明仅仅是处理了一件小事,却让整个海尔员工的思想意识发生了变化。

张瑞敏曾说过:"把每一件简单的事做好就是不简单,把每一件平凡的事做好就是不平凡。海尔集团"严、细、实、恒"的管理风格,把细和实提到了重要的层次上,以追求工作的零缺陷、高灵敏度为目标,把管理问题控制解决在最短时间、最小范围,使经济损失降到最低,逐步实现了管理的精细化,消除了企业管理的所有死角,大大降低了成本材料的消耗,使管理达到了及时、全面、有效的控制,每一个环节都能透出一丝不苟的严谨,真正做到了环环相扣、疏而不漏。"

近些年,很多企业大起大落,根本原因就在于规章制度不可谓不细、不严、不实,但往往说在口上,没有落实到行动上,而出现这种情况的原因通常与管理者看不起、看不上、看不见"小事"有关。一个连小事都解决不了的企业管理者又该如何去处理大事呢?

5. "胜则举杯相庆, 败则拼死相救"

华为团队精神的核心就是互助。华为成功的关键是把高素质的人员团结到一起, 通过企业文化这个转换器, 让每个人在充分发挥自己能力的同时, 发挥了团队的最大战斗力。

任正非曾经说过, 华为作为一个巨大的集体, 成功的关键是把公司的员工团结到一起, 通过企业文化这个巨大的转换器, 让每个人在充分发挥自己能力的同时, 发挥了团队的最大战斗力。

"胜则举杯相庆, 败则拼死相救"是华为团队文化的体现。华为接待客户的能力, 让日本一家国际知名电子企业的老总在参观华为后大为震惊, 他认为华为的接待水平是世界一流的。华为的接待是立足于团队合作的基础上的, 对客户的服务在华为是一个系统, 华为几乎所有部门都会参与进来。

当一名员工提出配合需求或希望带队考察时, 通过电子流程提出申请, 会很顺利地得到当地办事处、工程部、系统部等相关部门的全力配合, 为客户提供全过程的服务。新员工在最开始时还不太放心, 尝试过几次后, 就会不自觉地被这种团队精神所感染与激励, 当自己需要配合别人时, 自然会同样地全力以赴。

任正非要求华为内部的各个职能部门相互配合, 通过互助网络, 对任何问题都能做出迅速的反应。一个简单的接待客户参观工作, 就涉及了华为的各个职能部门, 假设没有团队精神作为支撑, 很难想象这样一个完整的客户服务流程能够顺利完成。为此, 公司建立了工时分析系统, 要求除研发项目组以外的全体人员, 每天工作结束后必须进入系统填写日志，填写自己当天开展了什么工作，由谁进行了配合，工作进展情况及本项工作的受益部门等。公司对员工日志进行抽查，并通过电话回访等形式进行工作配合满意度调查，以增强员工间的团队协作意识，提升对合作伙伴的服务质量。华为内部还规定从签合同到实际供货必须在四天时间内完成，华为销售人员在相互配合方面的效率之高让客户惊叹，让对手心惊胆颤。

任正非并不提倡个人英雄主义，他更主张团队作战，还把团队合作精神写进了《华为基本法》："我们倡导团队合作的工作方式，每个人都要学会调用公司资源来共同完成一项任务。"

任正非也在《致新员工书》中这样写道：

华为的企业文化是建立在国家优良传统文化基础上的企业文化，这个企业文化黏合全体员工团结合作，走群体奋斗的道路。有了这个平台，你的聪明才智能很好发挥，并有所成就。没有责任心、不善于合作、不能群体奋斗的人，等于丧失了在华为进步的机会。

任正非除了让每个华为员工都认识到团队的价值外，还积极营造相互信任的组织氛围。公司通过营造"家"的氛围，使组织每个成员间建立起朋友或家人的关系，使成员间在情感上相互信任，构成了一个团队最坚实的合作基础。

在华为的员工培训中，有一种很典型的团队精神训练法——"信任倒"：让一人站在近一米高的高台边上，背对着身后的伙伴，他必须从这个高台上仰面向天倒下，并深信身后的伙伴会将他接住。这个活动要求组织的成员必须完全信任你的伙伴，相信他们可以接住你,从而培养出一种相互信任的氛围。

为了加强员工之间的合作互助意识,方便员工之间的沟通,华为还给员工提供集体宿舍,给员工充分的交流和了解的机会。华为深圳基地就建有一个可以容纳近万人的百草园小区,百草园小区的最大意义不在于为员工解决了住宿的问题,而是通过集中居住强化了员工之间的感情。

所谓团队精神,简单来说就是大局意识、协作精神和服务精神等的集中体现。团队精神的形成并不是一味要求团队成员牺牲自我,相反,只有挥洒个性、表现特长才能保证成员共同完成任务目标,而明确的协作意愿和协作方式则会产生真正的内心动力。团队精神是企业文化的一部分,良好的管理可以通过合适的组织形态将每个人安排到合适的岗位,充分发挥集体的潜能。

希尔顿是美国旅馆业巨头, 人称旅店帝王。在他的旅馆王国之中,许多高级职员都是从基层逐步提拔上来的。希尔顿对于提升的每个人都非常信任,放手让他们在各自的岗位上发挥聪明才智,大胆负责地工作。如果有人犯了错,他常单独把他们叫到办公室,先鼓励安慰一番,再帮他们客观地分析错误的原因,并一同研究解决问题的办法。他之所以对下属犯错误采取宽容的态度,是因为他认为,只要企业的总经理和董事会的决策是正确的,员工犯些小错误是不会影响大局的。如果一味地指责,反而会打击一部分人的工作积极性,从根本上动摇企业的根基。希尔顿的处事原则,使公司的管理人员对他信赖、忠诚,对工作兢兢业业、认真负责。

第一次世界大战期间赴欧作战的经历使希尔顿深刻地认识到

团队精神对一个组织的重要性。当有人后来问他，为什么要在旅馆经营中引进团队精神时，他回答道："我是在当兵的时候学到的，团队精神就是荣誉感和使命感。单靠薪水是不能提高店员热情的。"

因此，不论是在创业阶段与合伙人之间，还是在企业经营与职工之间，希尔顿总是坦诚相待，充分利用团队精神，把所有的人拧成一股绳。这种团队精神对于希尔顿的事业非常重要，不论是位于德克萨斯州达拉斯的第一家希尔顿酒店建造过程中的资金短缺，还是大萧条时期的困境，团队精神在帮助希尔顿渡过难关时都发挥了重要的作用。

海尔集团总裁张瑞敏说过："狼在战斗中坚持团队精神，协同作战，为了胜利不惜牺牲或粉身碎骨。在商战中这类对手最令人恐惧，也最有杀伤力。"华为的"狼性文化"中把个人归属于集体的团体意识，是很多公司都在刻意追求和培养的，这种意识能使员工工作热情更高、工作体验更深、工作效率更高。

正如任正非所说："不要说我们一无所有，我们有几千名可爱的员工。用文化粘接起来的血肉之情，它的源泉是无穷的。我们今天是利益共同体，明天是命运共同体。当我们建成内耗小、活力大的群体的时候，当我们跨过这个世纪(20世纪)形成团结如一人的数万人的群体的时候，我们抗御风雨的能力就增强了，可以到国际市场的大风暴中去搏击。我们是不会消亡的，因为我们拥有可以不断自我优化的文化。"

企业首先要认识团队存在的价值，还要积极营造相互信任的组织氛围，并且建立有效的沟通机制，只有这样才能打造出合作默契的团队精神。任正非提倡的"胜则举杯相庆，败则拼死相救"的团队文化成为了华为在市场中超越竞争对手的重要利器。

6. 三个层次的"奉献之道"

华为的奉献精神可以分为三个层次，第一层次是为华为人奉献自己的价值，使自己的团队更加卓越；第二层次是为自己的客户奉献价值，一方面通过自己的产品为客户创造价值，另一方面华为采用了"营销＋咨询"的模式，为客户提供电信运营解决方案；第三层次是要为整个社会奉献华为的价值。

组织中人与人之间应该是一种什么样的关系？有人认为是管理与被管理的关系，因为组织里存在管理者和被管理者。有人认为是合作关系，人与人之间都是平等、合作的，每个人根据自己的岗位不同承担着不同的任务和责任。一个人如果不懂得在团队中主动奉献，即使能力再强，也只会变成团队进步的阻碍。所以组织内的部门与部门、人与人之间建立起奉献关系，组织才能够成为高效的组织。

只有建立了奉献关系，每个处于流程上的人才会更关心他能够为下一道工序做什么样的工作；每个部门也会关心自己如何调整才能够与其他部门有和谐的接触；下级会关心自己怎样配合才能够为上级提供支持，而上级也会要求自己为下级解决问题并提供帮助。

任正非认为，华为的奉献精神可以分为三个层次：第一层次是为华为人奉献自己的价值，使自己的团队更加卓越；第二层次是为自己的客户奉献价值，一方面通过自己的产品为客户创造价值，另一方面华为采用了"营销＋咨询"的模式，为客户提供电信运营解决方案；第三层次是要为整个社会奉献华为的价值。

《华为基本法》里对华为精神的定义是：爱祖国、爱人民、爱事业和爱生活是我们凝聚力的源泉。企业家精神、创新精神、敬业精神和团结合作精神是我们企业文化的精髓。受任正非的感染以及企业奉献文化的影响，华为的员工都有着超出常人的工作激情。创业初期，华为的研发部从五六个开发人员开始，在没有资源、没有条件的情况下，以勤补拙，刻苦攻关，夜以继日地钻研技术方案，开发、验证、测试产品设备……没有假日和周末，更没有白天和黑夜，累了就在垫子上睡一觉，醒来接着干，这就是华为"床垫文化"的起源。

华为秘书的工作比较琐碎，操心的事很多，没有定式可言，凡是说不清楚该让哪个岗位做的事，都由秘书来做。分配给秘书做的事，秘书永远不能说"不"，熬通宵也要把任务完成。秘书是各个部门之间的润滑剂，他们在工作中发挥奉献精神，把各项工作保质保量地及时完成，使管理层的领导从日常琐事中解脱出来，专注于创造性的劳动，这对于提高公司效率起到了很大作用。华为人把自己的有限价值全心全意地奉献于团队中，为了共同的目标鞠躬尽瘁。

零售业老大沃尔玛商场的店规是：第一条，客户永远是正确的；第二条，如果客户错了，请参考第一条。任正非也将这两条规则移植到了华为：客户没有错，有错的只是华为人自己。

2003年5月，某客户按照合同来华为提取358件货物。工作人员在对货物进行了及时、正确地复核、校验后，在与客户交接时发现，由于客户方清点失误，漏点了6件货物。为保证交付给客户的货物数量正确、清晰，华为发货复核及发货组暂停其他货物的装运，克服货物装载紧凑及时间、场地限制等不利因素，主动协助客户卸货重新清点，然后又将货物装载好交给客户运走。

结果，客户在广州火车站清点货物时，发现还是少了6件货。华为发货复核和发货组员工闻讯，立即赶赴火车站协助客户清点货物。经过紧张细致的清点，在混乱的火车站台上的各种货物中，华为员工找到了所有的货物，也找到了问题所在，客户将几件捆绑在一起的货物当成一件，所以漏点了。

任正非曾经提出：在为客户服务的过程中，仅将自己的工作做正确是不够的，只有最终使客户满意才是把工作做好的证明。因此，即使错误方是客户，华为人也不会埋怨客户，更不会撒手不管。在他们心目中，为客户奉献是十分光荣的。

任正非曾经动情地说："这个时代最崇高的是责任心，最可贵的是蜡烛的奉献精神，用户服务人员照亮了公司、消耗了自己。华为今天市场销售这么好，赢得这么多用户的信任，是大批用户服务中心的华为人用青春和心血铺就的。"

华为对社会的奉献主要表现为两个方面：一个是生产出优质的产品，另一个是设立各种回报社会的基金。华为在全国数十所重点大学都设立了华为奖学金，从1998年开始，华为在各大高校专门设立了"寒门学子奖学金"。

华为在建设奉献文化的同时，还坚持获益与公平的原则。获益是华为文化的核心和基础。任正非说："华为企业文化建立的一个前提是要建立一个公平、合理的价值评价体系与分配体系。"获益的含义是对于为华为奉献的员工，华为会给予相应的回报。正如任正非所说："我们崇尚雷锋、焦裕禄精神，并在公司的价值评价及价值分配体系中体现，决不让"雷锋们""焦裕禄们"吃亏，奉献者定当得到合理的回报。

由此我们不难看出，任正非在华为内部所推崇的奉献，并非不计报酬的无私奉献，而是一种责、权、利相结合前提下的奉献。

合理的回报会在企业经营过程中，激发员工的敬业爱岗精神，使他们具有强烈的工作责任心和事业使命感，使员工勇担重任，以企业的利益为重，以大局为重。

不管是最初的全员持股，还是岗位的高薪，以及后来的行业内机会，任正非都让华为员工获得了更大的施展空间，而拥有这一切的前提就是奉献。由此可见，员工的满意度和敬业精神不仅决定了其自身的业绩，对于企业的长远发展也有着重要的影响。

7. 小胜靠智，大胜在德

德才兼备一直是中国人所推崇的精英模式，华为也不例外。华为研发大楼面前有一块石碑，上面刻着"小胜靠智，大胜在德"，彰显着华为的企业文化。

华为始于任正非等几个公司创始人，倾囊力凑2万多元钱搭伙建班，在两间简易的平房内运筹帷幄，开基创业。但是，没有想到的是，公司刚起步就遇到了跨国通讯巨头这样的竞争对手，这给了华为巨大的压力，也给了华为难得的机遇。

1994年6月，华为的C&C08数字程控交换机取得了月销售12万线的好成绩，在全国多个市场上，各省管局都较大幅度地接纳了C&C08，6月份的市场份额上升了10%。华为在广东省成功开通了多个母局带模块局的试验，成为第一家较大规模地进入广东市场的国产交换机企业。

此时，华为已经从一个小公司逐渐变成为一家颇有实力的大公司。但此时国内交换机市场外患内乱，不正当的竞争几乎把国内交换机厂家逼到临近破产。任正非大声疾呼：处在民族通信工业生死存亡关头，华为要竭尽全力，在公平竞争中生存发展，决不退步、低头。华为一定能生存下去，为中华民族的通信产业发出光和热做出应有的贡献。

他在《华为基本法》中的第四条这样写道：爱祖国、爱人民、爱事业和爱生活是我们凝聚力的源泉。

任正非自然而然地将华为的事业与民族工业的振兴结合起来，他常说："我们从事的事业，是为了祖国的利益、人民的利益、民族的利益。相信我们的事业一定会胜利，一定能胜利。"这样的话语极大地激发了华为人的拼搏精神。这些都从一个侧面反映出了华为"小胜靠智，大胜在德"的企业文化，也使"为国家、为民族的振兴"成为了驱动华为发展的发动机之一。

在任正非看来，华为的"德"还有更深层的意义。就是必须要使员工的目标远大化，使他们感到自己与祖国的前途、民族的命运紧密联系在一起，自己所从事的工作是伟大而崇高的，在某些时候，即使物质利益不能得到满足，也会继续矢志不渝地为之奋斗。这正是任正非提倡为伟大祖国的繁荣昌盛，为中华民族的振兴，为自己与家人的幸福而努力奋斗的初衷。

任正非构建"小胜靠智，大胜在德"的企业文化的另一个目的就是提高华为员工的整体道德水准。员工的思想认识、道德修养是参差不齐的。因此，在"德"的问题上，任正非对华为员工有着不同的要求，员工的级别不同，其要求也不同。对于基层员工，任正非只要求他们能够根据自己付出的劳动，来获取相应报酬。但是任正非会从普通员工中发现那些愿意为华为的事业献身的员工，将他们培养成华为的干部。员工的职位越高，任正非的要求也越高，他要求所有在职的华为干部都要有敬业精神、献身精神、责任心和使命感。

当然，物质文明和精神文明在华为是并存的。企业的发展不能只凭利益来驱动，"君子取之以道，小人趋之于利"，以物质利益为基准是无法建立起强大的队伍的，即使队伍拉起来了也是无法长久生存的。

任正非在华为提倡精神文明，但也经常用物质文明去巩固，这样就不会使员工感到精神追求是可望而不可即的。例如他就明确提出"不让雷锋吃亏""让奉献者得到相应的回报"等口号。

企业越大，员工之间的相互协作就越显得重要。这种协作不但体现在员工的本职工作中，还包含在许多的日常生活细节中。因为再具体的规章制度，也无法囊括员工所有的工作。而员工工作是否尽心、协作是否积极，也不是规章制度所能够解决的事情，这需要的是员工的自觉性。因此，提高员工的道德修养，培养员工无私奉献、不计名利的高尚品德就成为了一家成功企业的必修课。对公司、对事业无私奉献、不斤斤计较，这也是任正非提出的"小胜靠智，大胜在德"的精神内涵之一。

这里的"智"主要是指技术、营销等具体的操作层面的因素，而"德"则是指思想意识等精神层面的东西。显然，技术、营销策略这些"有形"的东西员工通过学习很容易掌握，但道德修养却是要靠企业细致的思想工作，靠员工个人品行的长期修炼、积累形成的，无法一蹴而就。

提出"小胜靠智，大胜在德"，任正非就是要让华为人知道，靠耍小聪明、小智慧，可能在工作上会出一点小成绩，会得到一些领导的重视和赏识，但是从长远来看，只有真正严谨对待工作、诚实努力、踏实肯干,才能够从平凡的工作中找到乐趣,最大化地实现自己的人生价值。

华为在创业初期,在特定的历史条件下,员工上下同心、同甘共苦、同舟共济,发扬了"胜则举杯相庆,败则拼死相救"的集体主义精神,创造了一个又一个奇迹。那个时期,华为员工内心的自私、封闭等负面天性都被高涨的奉献精神所掩盖。但当华为具备了上万人规模,发展进入一个平稳时期后,自私自利等负面特质都逐渐地显露了出来,成为影响工作效率的负面因素。

任正非希望华为的干部们具备无私奉献、吃苦在前、享受在后的精神。他说:"希望华为的干部们在华为事业发展到低谷的时候,可以用自己生命的火花照亮事业前进的道路。"为此,华为开始更注重干部的思想品德的进步,注重干部的综合素质的成长,注重团队建设。其目的就是创造一个好的环境,让所有员工的聪明才智都围绕在服务客户需求上,使公司得到更大的发展,为个人以及企业的长远发展做出贡献。

"小胜靠智,大胜在德"同样也是蒙牛集团总裁牛根生的座右铭。

1998年,牛根生突然被伊利免去了职务,面对中国乳品市场方兴未艾,全国人均牛奶需求量正在上升的市场契机,牛根生思前想后,决定自己创业。他与同时被免职的几位中层干部聚到一起,把手里的伊利股票卖掉,一共凑了100多万元,于1999年年初成立了内蒙古蒙牛乳业有限公司。

牛根生的其他老下属听说他自己创业之后,都不约而同地纷纷投资蒙牛。更让人意想不到的是,伊利手下大将,包括液体奶的老总、冰淇淋的老总,纷纷弃大就小,投牛根生而去。这些忠诚的老部下演出了一幕"哀兵必胜"的悲壮剧:他们或者变卖自己的伊利股份,或者借贷,有的甚至把自己留作养老的钱也倾囊拿出。

在牛根生的带领下,蒙牛人艰苦创业,短短几年时间,蒙牛销售收入从1999年的0.37亿元飙升至2003年的40.7亿元,增长了近110倍,年平均发展速度高达323%。在中国乳制品企业中的排名由最初的第1116位上升到第2位,创造了在诞生之初1000余天里平均一天超越一个乳品企业的营销奇迹。而"蒙牛速度"也成了中国企业的一面旗帜。

任正非认为,有形的物质资源始终是有限的,而人类的创造力是无穷的,只有保持良好的创新精神才能克服资源匮乏的困难,创造出一个又一个的奇迹。

依靠"小胜靠智,大胜在德"的企业文化,华为人在竞争中确立了四大法宝,即产品质量好、售后服务好、运作成本低、优先满足客户需求,使华为在激烈的市场竞争中实现了公司价值和社会价值的双重最大化。可以说,大量高科技人才和产品构成了华为的身躯,而丰富的企业文化内涵则赋予了华为灵魂。华为公司能有今天的成就,任正非灌注于其中的先进企业文化可以说是居功至伟的。

第七章

不创新就没有活路，不奋斗就没有出路

1. 创新永不停歇

　　创新是企业文化的生命，是提升企业竞争力的关键所在。高度的创新精神能为企业带来无限的发展空间和机会，进而促使企业家搏击在市场经济的风口浪尖，领导企业持续不断地创新。

　　一个企业在创建其文化的过程中，必须对原来的企业文化进行整合与创新。著名经济学家熊彼得认为，企业精神的核心是创新，是重新组合生产要素，重建生产体系。创新是企业文化的生命，是提升企业竞争力的关键所在。

　　任正非自始至终都以实现客户的价值为华为经营管理的中心，围绕这个理念，为提升企业核心竞争力，任正非进行了不懈地技术创新与管理创新。在实践中他体会到，只有不断地创新，才能持续提高华为的核心竞争力，只有提高了核心竞争力，才能在技术日新月异,竞争日趋激烈的社会中生存下去。

创新是企业成长的动力和跳板,任正非曾说过:"不创新是华为最大的风险。"这是他对华为创新的肯定。华为的研发能力与国外同行相比差距很大,有人据此认为华为没有必要创新。但任正非深知"逆水行舟,不进则退"的道理,因此他要求公司从上到下树立起创新意识,从公司的最高层一直到研发总部,不断营造和倡导创新的氛围。在这样的环境里,研发人员没有太多的束缚和限制,能够放开思路大胆地设计和创造。任正非还明确指出:"没有创新,要在高科技行业中生存下去几乎是不可能的。在这个领域,没有喘气的机会,哪怕只落后一点点,就意味着逐渐死亡。"创新是企业生命活力的体现,正如华为研究室墙上的标语所写:"新产品在我们手中,质量在我们手中,企业美好的明天在我们手中。"从某种意义上说,也正是由于华为等一批国内通信公司的成长以及一大批国产先进通信产品的问世,才使得西方的通信巨头逐渐改善了服务、降低了价格,仅移动蜂窝设备就从每载频5万美元降至1.5万美元。华为的创新意识是华为成功的基石,也间接为国家节约了数百亿元的采购成本。

在任正非的耳提面命之下,客户的需求已经开始成为华为创新的动力。2005年2月,华为以全球无线通信设备制造业快速成长者的身份出席了在戛纳举行的3GSM盛会,会上华为代表以"创新、质量、成本的平衡"为主题作了精彩的发言。在发言中,华为首次提出:创新必须以降低客户生命周期成本(TCO)为目标,以提高网络质量为标准。在坚持基于客户需求的创新理念的基础上,华为还提出了快速建网的分布式UMTS基站的解决方案。这个方案主要围绕各大通信运营商"降低站点获取难度,节省TCO"这一核心需求展开,遵循CPRI标准,采用分布式方案,将基站按照功能单元分解成基带和射频单元,无须机房,节省站点资源,并且可以降低TCO达30%以上。这是对传统基站建设模式的创新，提升了3G网络的盈利能力。该方案一经提出就引起了各界的强烈反响，获得了各大通信运营商的一致好评。

创新对于一个高新技术企业而言，几乎都是指科技创新。不可否认，科技创新的确是技术企业发展的核心，但企业文化的塑造，以及对各种各样的管理实践概念赋予新的意义，并推陈出新，这也是十分必要的。科技创新十分重要，是企业的基础和根本，可对于企业而言同样重要的还有经营管理的创新、营销的创新、企业文化的创新，等等。

任正非一方面让华为每年持续提取大于销售收入10%的资金用于研究开发。继续把最优秀的人才派往市场与服务前线，通过技术领先获得利润，又将利润用于研发，带动更多的突破。另一方面，他还提出了与国际接轨的管理目标，并请来IBM的管理顾问在公司研发、生产、财务、人力资源等方面进行长期合作，华为在企业的职业化、制度化发展中取得长足进步，企业的核心竞争力得到提升，内部管理开始走向规范化。

在创新的方式上，任正非主张有重点地集中力量，各个击破；主张团队作战，不赞成个人英雄主义。他曾经多次在内部会议上说过："华为知道自己的实力不足，我们不是全方位地追赶，而是紧紧围绕核心网络技术的进步，投注全部力量。我们要紧紧抓住核心网络中软件与硬件的关键中的关键，形成自己的核心技术。"集中优势兵力的战略，为确保华为创新的成功提供了方法保障。

创新是无处不在的，企业的创新包括从理念创新到产品创新，从内部管理机制创新到客户服务创新，管理者应该鼓励这种积极的尝试。现代企业一个最明显的特征就是专业化对员工和企业本身的深远影响,随着分工越来越精密,这种影响也会越来越强。也就是说,一个成熟的组织必须要能够持续不断地创新,要能够打破传统的严格的部门分工界限,这样才能够使企业的员工时刻处于一种活跃的状态,使企业能够始终保持活力。

创新是学问、是技术、是工作,但更是一种生活态度、一种人生观、一种生活勇气。通过技术创新,华为奠定了国产通信制造业龙头大哥的地位;通过管理以及文化创新,华为的企业竞争力得到了极大的提升。任正非赋予华为永不停歇的创新精神,使其能够紧紧跟随市场的变化,在残酷的国际竞争中立于不败之地。

2. "找死"找出生存之路

一个企业要想站稳脚跟,一个品牌要想打得响,最重要的基础之一是技术过硬,特别是高科技行业,没有自己的核心技术,品牌会空壳化,没有生命力。其实这个道理许多企业都懂,但真正敢走自主技术路线的却不多,因为这条路线背后存在着巨大的风险。华为在技术研发中体现出了令人钦佩的勇气,而这样的勇气是一般企业难以拥有的。

兵法上有"陷之死地而后生,置之死地而后存"的战术,我国历史上利用此法取得战争胜利的例子不在少数,如前面提到的巨鹿之战,又如背水之战。楚汉争战井陉口之时,韩信背汉水为阵大败赵军,有军士问韩信:"兵书上说,布列阵地要右后靠山,左前临水。这次将军反而令我们背水为阵，竟然取得了胜利，这是什么战术呢？"韩信说："这也出自兵法，兵法上说'陷之死地而后生，置之死地而后存'。"这就是历史上著名的背水之战。

其实，在竞争激烈的现代社会，商场如战场。许多企业在最初起步时，抓到发展的关键点后，背水一战，置之死地。成员们为企业，也为自己拼死"作战"，结果在"死地"找出生存之路。华为在最初创业时就是如此。

1988年，任正非等6人共同出资24000元创建华为。公司最初是代理香港康力公司的HAX交换机。当时，国家以优惠政策吸引外资，引进技术，合资合作浪潮此起彼伏，发达国家向中国企业提供低息贷款，国家给外企特别优惠政策，这使得国内企业在与外资企业的竞争中处于劣势。拿电信来说，当时中国的电话网用设备主要来自7个国家，国家推行"以市场换技术"的政策，因此当时国内厂商只能在"洋人"的包围中求生存。

以市场换技术政策使得国内许多领域出现了国外产品通过高价格垄断市场的局面。比如，当时电话初装费高达4000元，中国固定电话普及率还不到10%，引进国外交换机每线价格1000多元，国内大批交换机企业都因此而倒闭。这时华为果断选择了走自主研发小型程控交换机之路。任正非给华为定下的发展目标是：立足于自主研发，紧跟世界先进技术，逐步占领中国市场，开拓海外市场，与国外同行抗衡。

1992年前后的深圳，知识无用论盛行，房地产和股票泡沫正浓，投机取巧之风到处弥漫。真正做实业、搞研究的企业受到很大冲击，很多企业转向赚钱快、获利相对容易的行业，其中甚至包括一些知名企业。然而华为却逆潮流而动,义无反顾地走上了研发之路。虽然当时的华为有了点积累,但技术、经验、资金、设备等各方面仍严重滞后。自主研发小型程控交换机最大的风险是,国外同行的产品成熟、性能稳定、技术更新快,刚刚起步的华为弄不好就会中途夭折。任正非的决策是孤注一掷,他在研发动员大会上说:"这次研发如果失败了,我只有从楼上跳下去,你们还可以另谋出路。"任正非的悲壮言辞点燃了华为人的创业激情,他们立誓:一定要推出自己的数字交换机,为公司杀出一条希望之路。

当时有一种说法:搞自主研发是找死,不搞是等死。华为选择找死之路,有人说此举与任正非的行伍出身和爱国情结相关,因为任正非在民族工业方面早就有这样的论断:"从来就没有救世主,中国要发展,就必须靠自强。技术自立是根本,没有自己的科技支撑体系,工业独立是一句空话。而没有独立的民族工业,就没有民族的独立。"

任正非带领华为人经过一番苦战,终于找到了生存之路。在走稳走好后,为了使路越走越宽,华为又做出不少改进。例如2001年,任正非壮士断腕,以60亿元的价格将旗下的电气业务部安圣电气有限公司出售给美国的爱默生电气,同时宣布投资4亿元进行3G移动通信设备的开发。诸如这样大手笔的举措在华为发展史上数不胜数。

如今,华为有2万多名雇员,而其中的46%都属于研发部门;每年,华为至少拨出10%的销售收入投资研发。截至2006年6月,华为累计申请专利超过14000件,连续数年成为国内申请专利最多的企业。有人曾问华为掌门人任正非:"华为一年销售462亿元人民币的秘密是什么?"任正非的回答是:"因为华为一年申请到的专利超过

1000件！"这样回答满带自豪却并无过分之嫌。的确，华为自己独立研发的特定用途集成电路跻身全球前列，生产的通讯产品都基于自己的产权产品，所以它的产品思路不容易受人掣肘，能够从发端到终端、从单个芯片到通讯网络，全面考虑顾客的需求。

因此，有人称华为的成功即是其研发之路的成功。其实，不单是华为，目前与华为合称为"中国通信设备业最显眼的两面旗帜"的中兴，也是在自主研发中找到出路并成功的。而且，更确切地说，将第一桶金用于自主研发本来就始自中兴现任董事长侯为贵。

20多年前，深圳凭着特区的优势发展加工贸易，这里聚集了一大批加工企业，中兴也是其中的一员。中兴最初的发展道路并不那么顺畅，开始一部电话机能卖几十元钱，但加工费只有几角钱，200多人的加工型企业，一天的利润只有200块钱，盈利能力不如一个修鞋工。而对于这个企业来说，从每天200元到不久后的每天20000元的利润，仅仅是一个概念转变的问题。当年在要不要由加工型向研发型转变问题上，侯为贵与他的创业伙伴们产生了严重的分歧。但在侯为贵的坚持下，中兴最终走上了自主研发之路，并在1987年7月拥有了第一件自主产品——一台通过技术鉴定并取得邮电部颁发的入网许可证的交换机。而两年后，第一台国产数字程控交换机ZX500也于1989年在中兴的工厂内诞生。目前，中兴已有1万多人的庞大研发队伍，除了国内市场更将触角伸向美国、瑞典、韩国、印度等国家，成为国内通信制造业的旗帜型企业。

事实证明，自主研发是在"找死"中求生存。与中兴等国内企业相比，可以说走自主研发的道路并不是任正非的新奇招数。但我们可以说，任正非带领华为人在这条路上走得更坚决、更稳健。

从20世纪80年代末的"来料加工",到成为支撑国际标准制定的重要力量;从在跨国通信设备巨头的夹缝中生存,到战线延伸到欧美核心市场;从创业初艰苦的环境、微薄的工资,到今天被来自名校的求职者踏破门槛……华为目前已经成为中国通信设备业最显眼的旗帜之一。著名咨询专家姜汝祥博士说:"华为的技术积累,使其有实力向通信产业链条的中央靠拢,并有能力在国际中获得更多的机会。"而我们要说的是,任正非在将华为推上自主研发之路时体现出了令人钦佩的勇气,而这样的勇气是其制胜的根本,也是一般经营者难以拥有的。

3. 与时俱进,甩掉"狼性"标签

提及华为的员工,人们最先想到的可能是"华为狼"三个字。任正非对狼这种动物的偏好是有目共睹的,因而华为创立之初就将其本性作为一种企业文化,在华为的内部进行宣扬。

关于"狼性"和企业,任正非说:"做企业就要有点'狼性'。狼有三大特性,一是敏锐的嗅觉;二是不屈不挠、奋不顾身的进攻精神;三是群体奋斗的意识。企业要发展,必须要具备狼的这三个特性。"

"敏锐的嗅觉"可以理解为商业洞察力;"进攻精神"是指企业在竞争过程中所表现出的战斗力;而"群体奋斗意识"则代表了企业内部的团队合作精神。从华为的发展史来看,确实随处可见这三大特性的影子。也诚如任正非所说,这些因素在办企业的过程中很关键。

1995年,当大部分国内厂商还在为抢占国内市场份额而争得头破血流时,华为已经做好准备,将目光瞄准国际市场了。海外市场的拓展虽然经历了千辛万苦,却也收效颇丰。

一个企业要想在世界经济浪潮中得以生存和发展,洞察全球的经济趋势及其所在产业的变迁是一项非常关键的技能。所以,作为一个优秀的企业管理者,他需要有像狼一样的"嗅觉",如此才能抓住机遇或躲避危机。任正非敏锐的洞察力就是华为得以发展的不可或缺的重要因素,他总能带领华为走向更新、更好的局面。

任正非还曾强调指出:

> 华为公司是一个以高技术为起点,着眼于大市场、大系统、大结构的高科技企业。它所肩负的历史使命,需要所有的员工必须坚持合作,走集体奋斗的道路。

这便是任正非所坚持的团队合作的文化理念。事实上,它在任何一个组织或机构内都是非常重要的。不过,任正非并不是喊喊口号那么简单,他更是把这一观念落到了实处,华为的矩阵式管理模式就是为了实现团队合作而采取的一项重要措施。这种管理方式所追求的是,企业内部各个职能部门之间的相互配合。各部门之间会通过互助网络,彼此建立连接,既而对任何问题都能做出迅速的反应。

然而,狼的特性在华为的发展道路上并不总是起到积极的作用,在很多方面都是利弊共存的,任正非所说的"进攻精神"就是典型的代表。

在华为刚成立的十余年内,狼风盛行,也让人们看到了华为对竞争力、对企业强大的渴望。受狼性文化统领的华为,在国内拿下了一个又一个胜利,打破了外企完全占领的局面。针对这种情况,当时的一些媒体戏称华为"用三流的产品卖出了一流的销量"。华为就是带着这种狼性在业界内拼杀,也取得了一定的成就。但是,当华为壮大到一定的阶段后,这一特性的限制性就慢慢地显露出来了。

2003年1月24日,对于电信行业来说可算是个特殊的日子——业界的两大企业产生了国际官司纠纷。思科将华为告上法庭,指其非法复制自己公司的操作软件。报道称,华为于前一年在美国的一些主流媒体上刊登了一条广告——"他们唯一的不同是价格"。这条广告的背景图案是旧金山金门大桥,正是思科公司的标志,其中的攻击性和挑战性不言而喻。而思科之所以如此恼怒,除了其本身的利益受损外,也因其不满华为在美国的狼式扩张。

没错,这起事件充分地证明了华为的"进攻精神"。在不同人的眼中,华为有着不同的样子。华为的客户可以得到贴心至上的服务,而对手却只能遭遇其毫不留情的"追打"。

从过去来看,华为在与对手竞争的过程中从来不会手软,就像一匹充满兽性的狼,不断地向对手发起进攻,直至最终将食物含在自己的嘴中。因此,创立初期的华为给世人留下了不可磨灭的"土狼"印象,不止是企业,甚至许多国家政府都对其敬而远之。华为曾经对英国电信巨头马可尼很感兴趣,提出优越的条件欲以收购,但最终这一计划的结果竟是在英国政府干预下遭遇失败。

不管是在国内还是国外,在商场上树敌太多总归不是一件好事,华为的狼式扩张确实得罪了很多企业。华为在业界素有"黑寡妇"之称,有些与华为有过合作的公司,过了一两年之后,不是被其吞并,就是被其抛弃。可想而知,起初华为在业界的名声确实不怎么好。

这些都是狼性文化留下的后遗症，一系列合作失败之后，任正非也开始反思这个问题，观念也有所改变。为此，他提出了把对手变为友商的理论，并公开表示：

今后，华为不再做"黑寡妇"，我们必须要改变现状，实现共赢，多把困难留给自己，多把利益让给别人。多栽花，少栽刺，多些朋友，少些敌手。

这与华为起步时强调的狼性文化恰恰相反，可见任正非就是一个敢于否定自我的人。事实上，任何一个企业走过一个阶段后，其管理者都应该思考一下，原有的文化理念对企业的发展是否依然适合。

对华为而言，随着社会的发展，国内外通信设备市场逐渐饱和，再加上自身一直在不断壮大，之前的文化理念所面临的环境也相应发生了很大的变化。因此，狼性文化在华为面临着很大的挑战，特别是在华为准备进军国外市场的时候，企业内部过度的凝聚力反而会限制其自身的国际化发展。任正非正是因为发现了这一问题，才做出变革的决定。

很多人对任正非的这种看似矛盾的作法感到质疑，认为他不够坚定。事实并非如此。无论是以前还是现在，任正非所坚持的观点以及他所采取的手段，其中心和目的是不变的，就是为了让华为活下去。任正非在讲话中说道：

2000年IT泡沫破灭以后，整个通讯行业的发展都趋于理性，市场的增长逐渐平缓，未来几年年增长不会超过4%。而华为要快速增长，就意味着要从友商手里夺取份额，这就会直接威胁到友商的生存和发展,就可能在国际市场到处树敌,甚至遭遇群起而攻之的状况。所以我们要韬光养晦,要向前以色列总理拉宾学习,以土地换和平,宁愿放弃一些市场、一些利益,也要与友商合作,成为伙伴,和友商共同创造良好的生存空间,共享价值链的利益。我们已经在很多领域与友商合作起来,经过五六年的努力,大家已经能接受我们。所以现在国际大公司认为我们越来越趋向于朋友,不断加强合作会谈。如果都认为我们是敌人的话,我们的处境将会变得很困难。

任正非观念的转变,又将华为带入了一个新局面。2003年11月,华为与美国的3Com公司合作投资的合资企业正式成立。华为出技术,3Com出钱。华为的低端数通技术占了51%的股份,3Com所投的1.65亿美元占了49%的股份。这样3Com就把研发中心转移到了中国,利用华为的主场优势降低了成本,而华为则借助3Com的网络营销渠道来销售自己的数通产品。这些合作使华为销售额大大提升,第二年就增长了100%。

狼性文化被替换,并不是说它完全错了。狼性文化的提出和变革,对华为来讲都是意义重大的转机。它们带给华为的分别是生存和发展,而任正非所做的无非是传承和改进。

甩掉狼性标签对华为来说是至关重要的一步,它不能成为阻碍华为发展的束缚。任正非也一直在用实际行动改善狼性文化的弊端,与国际接轨,遵循大多数人所认同的价值理念,开创新的商业文明。

4. 聪明的"拿来主义"

著名科学家牛顿曾说过："我之所以比前人看得更远，是因为我站在了巨人的肩膀上。"实业家万德尔·菲利浦先生也说："一切与发明创造有关的事物都是借来的，美与形莫不如此。"正如他们所言，一切发明创造都是如此，就如同一步登不上珠穆朗玛峰一样，所谓发明创造就是在前人智慧的基础上所进行的不断改良。

在信息日益全球化的今天，用别人的最新技术充实自己并在此基础上进行创新，这似乎成了企业研发中最聪明的做法。这种技术上的"拿来主义"曾给不少企业带来巨大的好处。

比如，日本公司在把贝尔公司发明的半导体专利引进本国后，迅速利用相关技术开发出各种电子产品，如收音机等，然后一举占领了包括欧美在内的全球市场。美国同行感到非常吃惊，迅速调研后发现，产品里的原始技术大多源于自己的国家。

又如，精工表最早是在瑞士被制造出来的。瑞士是制表大国，但在开发出石英表以后，却没有把它看作是一种时代的进步继而发扬光大。日本人很快把该技术买到手，在1964年第18届奥运会召开时，日本人把他们开发的石英表制成奥运会的专用表，一举抢占了市场。由此看来，能否自主研发出技术固然重要，但能否利用别人的最新技术并将其化成市场价值也是同样重要的。

任正非早已深谙这个道理，因此他在产品开发方面一直坚持"在自主开发的基础上实行资源共享、广泛合作"的原则。任正非一直主张资源共享、让有限的资源发挥最大的效用。他认为,很多产品的技术其实是相通的,共享对于提高研发效率、降低成本具有积极意义。

在外部,华为坚持在核心技术上自主研发,但并不排除对一些成熟技术直接"拿来"。任正非曾直言不讳地指出:"人家已经开发的一个东西我照搬过来装进去就行了,因为没有技术保密问题,也没有专利问题,装进去就行了,然后再适当作一些优化,这样才是真正的创新。那种满脑子大创新的人实在是幼稚可笑的,是没有希望的。"

从实践来看,华为的外部技术共享主要是通过两种方式来实现的,即支付专利使用费或收购公司。

比如,在3G技术的研究问题上,经过市场考察,任正非发现,美国高通公司已用若干专利覆盖了几乎所有核心技术,华为根本无法绕过,就算绕过也没有任何优势可言。于是,任正非果断决定与高通签订CDMA专利授权使用协议,通过支付费用的方式,把成熟技术直接拿来使用。而将华为的研发定位在非核心专用芯片开发上,该类芯片市场需求量大、技术难度相对要小,投入研发可明显降低成本。

另外,早在1998年,任正非就提出要组织一些跨部门的小团队去美国对一些小公司进行收购,也可在美国招聘本土人才搞芯片设计,以扩大华为的芯片研发队伍。2002年初,华为收购了美国光通信厂商OptiMight,使自己在光传输方面的技术实力大大增强。2003年中期,华为完成了对网络处理器厂商Cognigine的收购,大大加强了自己在交换机与路由器核心处理器方面的能力。不但如此,收购和合作还让华为以很快的速度进入了美国市场,并通过强大的资金和技术实力,不久便拥有了与美国公司平起平坐的资格。

在内部，华为早期是凭经验进行产品开发，出了问题再逐个解决。后来，任正非主张公司各部门要充分开放，充分利用各种资源，任何部门与个人都不能将自己成功的经验和失败的教训"藏"起来，不让其他人使用、学习或借鉴。华为鼓励所有员工将自己的心得贡献出来，这就可以节约很多时间和资源。同时，华为规定：在不必要的情况下，任何部门和个人都不能为了显示自己的能力，放弃使用已有的技术、产品，再去自行开发同类的技术、产品，而导致重复研发、资源浪费。任正非说："华为公司拥有的资源，你至少要利用到70%以上才算创新。每一个新项目下来，就应当是拼积木，只有最后那一点点才是不一样的，大多数基础都是一样的。"

可以看到，在技术研发问题上，任正非运用了非常灵活的策略，技术"拿来主义"让华为在竞争激烈的环境中得以以逸待劳，省下资金和精力去做更有价值的研发项目。这可以说是华为成功不可忽略的因素。然而，尽管这样的"拿来"能够给企业带来巨大商机，却并不是任何人都能轻易复制的。从发现有价值的东西到"拿来"运用，最需要的是敏锐的眼光和灵敏的市场嗅觉。而在这点上，可以说在国内通信企业家中很少能有与任正非比肩者。

5. 体系变革，解决技术与市场的矛盾

华为在技术研发方面十分注意战略方法的更新，经历了从压强战术到以客户需求为导向的转变。

创业之初，任正非在研发方面采用的是压强战术。在决定成功的关键技术和既定的战略生长点上，"以超过主要竞争对手的强度配置资源，要么不做，要做就极大地集中人力、物力和财力，实现重点突破（《华为基本法》）"。这就是著名的"压强战术"。某位华为高层人员回忆，一次，华为与爱立信竞标东南某省移动通信项目，任正非调动了200名工程师参与研发，这些人按不同环节严格分工，保障项目测试中不出现任何失误，华为最终中标。而当时爱立信公司参与竞标的技术人员总共不足20人。

有人指出，这种"压强战术"类似毛泽东的"集中优势兵力，打歼灭战的军事策略"，而该策略运用的前提往往是"敌强我弱"。

事实上，任正非在研发上采用该战术，的确与华为最初的规模小、组织灵活的特点有很大关系。作为民营电信企业，华为起初在资金、技术人员、政策扶持等关键资源上与对手相比都处于劣势。因此，任正非只有在企业内部资源的配置上做文章，变整体的"弱"为局部的"强"，在某一阶段、某一方面领先，并先于对手占据市场，形成竞争力。在自己已有的市场中，华为还会集中精力把技术更新、推进，通过自我否定和自我淘汰，强迫产业进步，提高进入者的"门槛"。

从最初阶段看，压强战术的确为华为带来了很大好处。集中"兵力"解决问题，使得华为在研发能力上较之竞争对手更强。然而，这一战术有时也会造成很大浪费，正所谓"歼敌一千，自伤八百"。连任正非自己也承认，"压强战术"的运用，浪费是惊人的。

比如，1994年华为推出了2000门网用大型交换机设备C&C08机，而这一项目的研发始于1992年，其间经历了无数次的失败，直接导致了6000万至1亿元的损失,这样的资金损失无疑是巨大的。

另外,在早期推行"压强战术"时也存在很大的盲目性,做产品时只管埋头拼命做,做完了再向客户推销,结果导致投入不一定符合市场需求。

在外部市场需求旺盛、企业因缺乏经验、人均开发效率低的情况下,采取人力密集型的研发体系是华为必然经历的阶段。但是,随着企业内部和外部形势的发展,这种资源严重浪费的研发体系面临着必然的变革,变革的方向则是以客户需求为导向、平衡技术与市场在研发导向中的分量。

对于这次势在必行的研发战略革新,任正非曾说过这样的话:"如果我们埋头做'好东西',然后再推销给客户,那东西就不一定卖得出去。我们要真正认识到,根据客户需求导向做事才是企业发展的正确道路。"任正非在公司例会中还多次强调:"如果死抱着一定要做世界上最先进产品的理想,我们就饿死了,研发出的东西也就成了凡·高的'向日葵'。我们的结构调整要完全以商业为导向,而不能以技术为导向,在评价体系中同样一定要以商业为导向。"这里的"商业导向"就是指客户需求。

从2000年起,华为开始全面引进并推行西方的IPD集成研发模式,全面变革研发战略体系,其核心是以客户需求为导向。华为还专门请IBM专家作为IPD模式的咨询顾问,并为此付给IBM的咨询费高达数千万美元。任正非在华为干部大会上不留余地地表示:"不学习IPD、不支持IPD的干部,都给我下岗!"可见,任正非不可动摇的变革决心。

　　那么,IPD到底是怎样一种研发模式呢? IPD全称为Integrated Product Development(集成产品研发模式),其核心思想来源于美国PRTM公司出版的PACE(Product And Cycle—time Excellence,即产品及生命周期优化法)一书。IBM根据该书思想,结合实践,总结出这套先进的产品开发模式IPD。简单来说,IPD就是把以前由研发部门独立完成的产品开发任务,变为打通全流程、跨功能的各部门联合运作。

　　华为以前的产品开发都在中央研究部,改革后变为由产品开发团队来承担。一个产品的开发,变成了牵扯整个产品线,甚至整个公司各个核心部门的集体活动。从财经立项到研发管理,从制造的效率到市场销售计划,各个部门都要有人参与到规划、技术检测和实施的过程中,而且基本上要在产品开发之前做出相关的规划,且在产品开发的过程中相互协调,以保证产品自始至终都是技术领先、成本合理并且符合市场需求。

　　为强调研发中以市场为导向的核心思想,任正非反复告诉华为的技术人员:卖出去的技术才有价值,要做工程商人。任正非还发给主管生产计划和销售计划的负责人每人一双新皮鞋,让他们深入一线,"走与工农兵相结合的道路"。华为还规定每年有5%的研发人员去做市场,每年要有5%的市场人员去做研发。讲到这一点,华为的市场人员都会感慨地说:"新功能的发现,全凭研发人员对客户需求的敏锐嗅觉。"事实上改革后的华为响应客户需求的速度明显提升。

　　那么,实行IPD后的华为,在技术研发中是否彻底放弃了"压强原则"呢?

任正非的解释是："技术开发与客户需求的关系是辨证的，原来我们往核心收得太厉害了，技术进步快了，而市场就弱了一点。现在市场变了，客户需求也变了，我可以扁平一点。在攻克新技术时，使队形变得尖一些，增大压强，以期通过新技术获得多一些的市场。当新技术导向作用减弱的时候，我们要使队形扁平化一些，多做一些有客户现实需求但技术不一定很难的产品。"

华为通过这样的体系变革解决了研发导向中技术与市场的矛盾。

其实，不只华为，联想早期在研发中也曾出现过市场和技术之争，研制出来的汉卡卖不出去，而柳传志却主张以市场为导向开发产品。在这方面，柳、任两位英雄所见略同。

事实上，技术研发是高科技企业发展的关键问题，企业施行的策略要随形势而变，研发方向和策略当然也要跟上脚步，脱离市场情况将企业产品开发变成科学家搞科研似的研发者是不可行的。

中国企业界流传这样一个寓言：小男孩每次在家里吃鱼时，妈妈都把鱼头和鱼尾去掉，只留中间部分。有次，小男孩到朋友家吃饭，回来后很奇怪地问妈妈："为什么我们家的鱼都没有头和尾巴，可是我在朋友家吃鱼的时候，它们都有头有尾，而且很好吃呢！"妈妈回答说："因为你外婆从小都是这样做的啊！"于是小男孩就打电话给外婆，没想到外婆说："因为我妈妈也都是这样做的啊！"还好外婆的妈妈还健在，小男孩便打电话询问，没想到，得到的答案竟是："因为当时家里的锅太小，所以把鱼头和鱼尾切下另外做，只是小孩子们不知道罢了。"

　　中国的商人想通过这个故事批评商界因循守旧的思想,告诉经营者:进步最大的障碍就是"因循不知变通"。现实中,许多企业就是因为不留意环境的变化,做事守旧,因此始终无法有效提升竞争力。

6. 价格战要因势而变

　　同其他企业一样,打价格战是华为在市场攻伐中常采用的策略。但华为进行价格战的目的却不同于一般企业,它是要击败对手,而非拉拢客户。在价格战中,华为表现出两个特点——"凶狠"和"随机应变":关键时刻决不手软;当外部条件发生变化时,毫不迟疑地调转进攻的方向。华为就是凭借这样的作风,让自己在激烈的竞争中处于优势地位的。

　　比如1995年,当C&C08机开始全面向国内市场推进时,华为首先把上海贝尔列为主要竞争对手。但是,由于上海贝尔生产的S1240程控数字电话交换设备早已牢不可破的占有了大部分市场份额,华为始终无法彻底超越上海贝尔。于是,任正非采取避实就虚的策略,首先向农村市场以及东北、西北、西南落后省市的市场推进。在这些市场上,华为利用来自其他方面的丰厚利润对C&C08机的销售进行补贴,以低价策略挑起程控交换机市场的恶性降价竞争。华为的用意十分明确:一方面在极大程度上限制上海贝尔进入农话市场,另一方面挤压其利润空间。

　　1999年华为进入四川时,上海贝尔在四川的市场占有率高达

90%。刚开始，华为主动将自己的接入网免费给客户使用，借此在四川各本地网都布上了点。上海贝尔忽略了华为的这个小动作。随后，华为又将接入网的新增点抢了过来，逐渐把点连成了面。等到网用设备销售有了突破性进展后，华为又伺机将接入网的优势顺理成章地延伸到了交换机领域，最后将自己的交换机变成和上海贝尔交换机并存的第二种制式，跻身主流机型行列。这样到2003年为止，华为已占四川新增市场70%的份额。

以上这两个案例，是华为利用价格战占据市场份额较为经典的案例。尽管这样的恶性价格战给华为带来的名声并不太好，但却是其获取市场份额的一个非常有效的手段。但是，这种战术也并不是万无一失。俗话说得好，"杀敌一千，自毁八百"，打价格战不仅对竞争对手有杀伤力，而且自己也是要付出高额代价的。价格战不仅吞噬了对方的利润空间，也同样压缩了自己的盈利空间。因此，企业在打价格战之前，一定要看看自己的实力和本钱。

那么，在什么情况下才适合打价格战呢？

任正非认为有三种情况：产品、客户关系、品牌与对手无明显差异，但市场能力弱于对方；降低竞争对手利润，扼杀新进入者；自己技术上有重大创新，以自我淘汰方式强迫产业进步。有人总结，华为的价格战分为"守势"和"攻势"两种形式。在自己已经占领的市场中，采取价格"守势"战略：以守为攻，把市场封闭起来，让对手针插不入，水泼不进。策略主要是：主动发现并弥补市场缝隙；主动否定自己以提高用户满意度，以阻止新竞争者进入；抓牢产品组合优势，不给对手进攻的任何机会；主动让利降价，不在价格上给对手以可乘之机；在客户关系和服务上主动防守。倘若实力相当，在对手的市场范围,华为多会采取价格"攻势"战略;千方百计发动价格战,不择手段地打击对手,阻挠其市场进展,逐步挤占空间,最后取而代之。

另外,任正非还强调价格战要根据市场情况而变化,认为在较为低端的市场打价格战比较容易收到积极效果,而在高端市场进行价格战则容易产生消极影响。以华为今天的规模和预期的成长速度,不能也不可能仅仅依靠低层次市场长期生存。但如果华为的目标逐步定位在为"富人"服务的高端市场,而富人对实际交付成本敏感、质量要求高、法律概念严格,这时单靠打价格战来争取市场份额,肯定是行不通的。

为了在国际市场中获得更大的发展空间,任正非强调通过技术、服务来换取高端市场。对此他曾做过明确表示,"在海外市场拓展上,我们强调不打价格战,要与友商共存、双赢,不扰乱市场,以免西方公司群起而攻之。我们要通过自己的努力,通过提供高质量的产品和优质的服务来赢得客户认可,不能因为我们的一点点销售行为而损害整个行业的利润,我们决不能做市场规则的破坏者。"

从整体上看来,在价格战中,华为表现出两个特点——"凶狠"和"随机应变":关键时刻决不手软;当外部条件发生变化时,毫不迟疑地调转进攻的方向。华为就是凭借这样的作风,让自己在激烈的竞争中处于优势地位的。

7. "第三条"渠道模式

在市场经济大潮下,企业要想生存、要想取得成绩,除了要做好产品、用好人才外,建立畅通适用的营销渠道是第三个必不可少的上升通道。作为国内较早建立渠道营销管理部的电信企业,华为很早就将渠道的建设作为企业产品营销的重要通路,在不同的阶段提出了不同的渠道销售策略。

作为国内较早创立的电信企业,华为很早就将渠道的建设作为企业产品营销的重要通路,在不同的阶段提出了不同渠道销售策略。

华为最初很长一段时间都把直销作为唯一的销售渠道。不过,随着企业的不断发展、客户群体的不断扩大,企业越来越需要一种能为不同客户提供有针对性解决方案的营销方式。这时,任正非果断地改变了直销的渠道策略,转而寻求一条新的销售渠道。经过不断努力,华为最终确立了今天的分销商供应渠道模式。

任正非着手打造的分销渠道平台是基于销售与服务合作伙伴、培训合作伙伴及直接用户这三者建立的一个较为完善的体系。该体系包括第一级高级分销商及其下属的区域代理商、高级认证代理商、行业集成商、一级代理商、区域分销商等,旨在为客户提供端到端的营销服务一体化解决方案。

华为在建立该销售渠道后,又对其进行扁平化处理,进一步加强了渠道功能以及行业覆盖率。代理商之间不存在绝对的从属关系,他们享受同样的政策优惠,均依靠业绩积累和周转获得利益。

为了让分销这一销售渠道保持畅通,任正非强调在市场推广、技术培训等方面给予渠道合作伙伴更多的激励与支持。

例如，在2002年2月2日召开的"华为网络2001年渠道表彰大会"上，华为表彰了一大批合作伙伴，并给予了他们从5万元到25万元不等的奖励。同时，任正非还宣布正式出台专门针对代理商销售人员的"阳光里程俱乐部"表彰计划。所有华为认证代理商销售人员均可参加到俱乐部中。这些销售人员的业绩都将通过他们向华为上报的订单进行统计汇总。销售人员从而赢得积分，根据积分多少，这些销售人员可从基本会员晋升为银牌会员、金牌会员。华为再根据业绩情况，进行不同等级的物质奖励。

该表彰计划实施后，很快得到了华为合作伙伴的肯定与支持，渠道销售情况随之有了很大进展，为日后华为的市场拓展起了很大的推动作用。成都天网公司是华为西南地区的区域分销商，从1999年就开始代理华为的产品，是华为首批合作伙伴之一。目前，天网公司只代理华为一家的网络产品，并且以分销业务为主。该公司年轻的客户经理陈曼是首批获得表彰的"俱乐部"成员之一，她在分销方面业绩比较突出，2002年曾被奖励一台台式电脑。她认为这种激励措施不仅在物质上鼓励了销售人员奖励，还能在感情上拉近他们和华为的距离。而距离的拉近，使得双方能够更紧密地合作。她本人就把自己当作是华为的一员，并且以此为豪。

另外，华为企业网事业部又推出"勇士计划"，对开拓空白行业的合作伙伴进行大力嘉奖。同时，华为在2003年6月24日首次启动了针对渠道代理商的一系列技术培训。此举的目的是通过培训，既提高渠道代理商们的技术服务水平、提高华为渠道的竞争力，又增进华为与渠道代理商之间的交流。

经过改革，华为的整体销售能力迅速提高，销售额稳步上长。

2003年，华为数据通信产品在国内市场的销售额达到28亿元。据数据显示，当年，华为路由器、以太网交换机在国内分别占据了21.6%和21.2%的市场份额，此时思科的对应份额下降为41.6%和29.5%。这意味着思科在中国数据通信领域绝对垄断的格局被打破，华为在中国网络IP领域领军者的地位初步奠定。至2004年，华为通信产品销售渠道基本完成了其战略布局，公司年销售量不断上涨，并很快具备了冲击海外市场的实力。

华为之所以很快确立了分销商供应渠道模式，与其强劲的激励政策是密不可分的。激励政策不仅让人在物质上得到满足，更重要的是让人们获得了成就感。古时商鞅推行变法，立木悬赏，赢得百姓信任，最终使变法顺利推行。华为此举堪与其相提并论。

第八章

让规则说话，按制度办事

······································

1. 人力制：不患寡而患不均

孔子说："不患寡而患不均。"这里的"均"即"公平"。在现代企业管理中，"均"与"不均"是评价一套人力资源体系优劣的重要参考因素。在这里，"均"的不仅是利益，还包括机会，一个企业一旦能够做到机会均等，那员工将会给它带来超乎想象的价值。

我们经常听到这样的话："我并不是计较自己挣了多少钱，但我绝不容忍能力和我完全一样的人每月比我多拿几元钱。"其实，这是处于职场的人们追求公平的一种普遍心理。

任正非酷爱"公平"的管理理念。针对这一点，任正非还给人力资源部讲过这样一个故事：

河南有一户种桃子的农民，在桃子成熟的季节，为了赶在第二天拿到集市上卖掉，就找了两个人给他摘桃子。说好一天摘完给每人20元钱，这两人答应了。可到了吃中午饭的时候主人发现这两人是摘不完的。于是又找了两个人，说好摘完也是20元的报酬，这两人也答应了。到了下午很晚的时候，这家主人发现这四个人再快也不能摘完。没办法，只好又找了两个人，答应他们每个人摘完后也拿20元。天黑了，桃子终于摘完了，主人给下午和中午来的人每人20元，他们高兴地走了。给早上来的人工钱的时候，他们就有些不高兴了，他们嘟囔道："为什么我们干的活比他们多却给我们一样的工钱呢？"

故事中，干活时间不同的人拿钱数目相同显然是不公平的。任正非就是想通过这个故事，让公司人力资源部牢记：个人收益与贡献的大小应严格对等，不容有一点轻率。不过，要想真正地做到公平，必须要有合理的制度作保证。因此，多年以来任正非一直在努力完善华为的人力资源管理体系。

华为建成完善的人力资源管理体系经历了多年的探索，而且为了保证合理性，每一条制度的建立都要经过详细充分的调查研究。

1995年，华为员工已由最初的6人发展到800多人，这时，当人力资源部经理把每人的薪酬数字报给任正非时，由于人数太多，他已不可能对每个人的绩效都熟悉。于是，任正非就要求人力资源部拿出一个薪酬方案制度来。人力资源部成立了薪酬设计小组，专门研究此问题。薪酬设计小组在三个月内开了十几次会，而且会中每次都争论甚至"吵架"，但每次都无法得到最终的结果。随着会议的召开，他们甚至开出个"唯心主义"来：因为老是在西丽湖开会，所以肯定就会"稀里糊涂"，于是赶紧换个地方，到了银湖，结果两次搞定。其实，小组人员都明白，他们就是在这十几次会议和"吵架"中找出了问题,积累了经验。当然,还有一些问题没有弄明白,最后还得请香港的咨询公司来做。

但通过几次"吵架"也得出了一个很好的结论,那就是设计薪酬体系框架时,一定要把人与职位分开。其间还总结出了"三要素评估法",即知识能力看投入、解决问题看做事、应负责任看产出。经过这样的评估后,把计算出的每个职位的分数制成职位系列表,从而得出哪些职位等级是平行的,哪些职位是重叠的。在平行职位上的就可以实行薪酬相等制度,这在科研公司里有利于消除官本位思想。有职位重叠的就合并,以便节约成本、压缩管理层级,这就能有效地解决企业的内部公平性问题。

到1999年,华为目前沿用的人力资源管理架构基本形成三位一体的形态,即绩效管理体系、薪酬分配体系和任职资格评价体系,三者三位一体,互通互联,形成动态的结构。

这套标准的优越性在于,华为对员工的评价、员工的待遇和职位不一定具有必然的关联性。在摆脱利益裙带关系之后,职位只是企业中员工做事的一个简单标志。任职机制去除了官本位后,员工上升通道自然打开,于是才有了这样的"神话":时年23岁的李一男,在进入华为第二周就一跃成为高级工程师,半年后任中央研究部副总经理,一年后升任中央研究部经理,次年成为华为最年轻的副总裁。

企业要让员工在工作中有公平感,因为公平感会使广大员工心情舒畅,反之会使员工积蓄怨懑,影响工作,甚至成为企业发展的隐患。任正非强烈要求设计薪酬体系,就是为了让所有的员工都能够受到公平的待遇,调动大家的工作积极性。

2. 轮岗制:流水兵铸就铁打的营

俗话说:"铁打的营盘流水的兵。"但如果让员工在企业内部流动,这句话就可以反过来说成"流水兵铸就铁打的营盘"了。轮岗制就成功地解决了这一问题,因此受到了许多企业的青睐。

华为的轮岗制更多是在干部层中施行的。

在华为,最早提出岗位轮换的是前华为副总裁李一男。当时他给任正非写了一个报告,建议高层领导一年一换,这样不容易形成个人权力圈、造成公司发展整体不平衡。该建议得到了任正非的认可,并立即在华为推广开来。华为公司明确规定,要为干部提供机会,为其创造能担当重任的条件,高中级干部层实行制度性轮岗。

随着公司的发展,在任正非的一再敦促下,华为的岗位轮换制日益成熟起来,并发挥了四个作用:

首先,有意识地安排员工轮换做不同的工作,可以让员工取得多种技能,更快地成长起来。同时各部门也能挖掘出各职位最合适的人才。

其次,避免员工因在同一岗位工作时间太长而产生 "老大"思想,有效避免了官僚主义风气的产生。

再次,有效解决了企业内部部门之间在交流合作中出现的问题。企业内部部门之间、人与人之间的信息交流和相互协作经常会出现问题。用企业员工自己的话说就是:"总部制定政策的部门不了解一线客户需求,出台的政策很难执行,瞎指挥。服务部和事业部有隔阂,沟通不顺畅。"没有切身的体会是很难做到换位思考的,而实行轮岗制正是解决这个问题的良方。

最后,让人才流动起来,有效地解决了工作中的惰性问题。中国有句古话:"流水不腐,户枢不蠹。"这句话用来形容轮岗制在企业中的作用再合适不过了。华为员工对此的评价是:"任何人在工作中都需要挑战和新鲜感,在一个岗位太久,就会形成惰性,而轮岗制则会使人对工作充满新鲜感。"

张爱东是华为员工中受益于轮岗制的典型。1996年从浙江大学到深圳的张爱东成为华为公司培养的第一批博士后员工。他进入公司最初的研究课题是虚拟现实,但是他很快发现在华为做这个课题还不现实。一个月后,他开始研究H产品急需的T120协议,成为一名开发经理。

1998年,中研总部对H产品线进行了一次大调整,张爱东开始负责软件工作。当时,他所在的软件开发团队开始了一个月的"软件攻关集中营"生活。他们切断NOTES系统,切断电话线,与外界断绝联系,学习建立软件版本库并进行版本控制。他们首创提出了"虚拟MCU""虚拟终端"等大网组建思想,并一一付诸实施,解决了福建、云南等地的组网问题。

1998年7月,张爱东接任产品经理,开始了扭转市场形势和开发新型产品的征程,但华为最终在H产品上失败了。华为人有一个传统:项目可以失败,但人不能失败。从一线战场上败下来后,迎接他的是公司含意深远的培养。1999年5月至9月,张爱东在研发特别工作小组做技术任职资格工作,制定并推广工程师级别标准,从中锻炼了自己,亲身体验到哈佛MBA教程中"权力与影响"的区别。9月至12月,他被派到浙江做货款回收工作,并在货款回收支援工作中磨炼了意志,重拾了自信。从催款的"战场"上回来后,张爱东又立即投入到新一轮的会战中——到X预研项目组。从产品线的摸爬滚打到更高层次的研究开发，张爱东的个人素质得到了很大的提高。

在岗位轮换上，华为执行副总裁毛生江的职业经历极具代表性。毛生江1992年进入华为，2000年升任执行副总裁。8年时间，他的工作岗位横跨了8个部门，职位也随之高高低低地变动了8次：1992年12月任项目组经理；1993年5月任开发部副经理、副总工程师；1993年11月任生产部总经理；1995年11月调任市场部代总裁；1996年5月任终端事业部总经理；1997年1月任"华为通信"副总裁；1998年7月任山东代表处代表、山东华为总经理；2000年1月，被任命为公司执行副总裁。

现在，通过实行轮岗制在华为内部形成了劳动力市场，通过岗位调换实现了人力资源的合理配置，促进了人才的合理流动。

不过，任何事物都有两面性，岗位的流动和公司的整体稳定之间必然存在矛盾，那么如何确保轮岗制形成稳定的流动，从而避免人员流动给公司业务造成损失？任正非和公司的其他一些员工进行了思考。他们总结了五点经验：

①在实施之前编创完整实用的各项职位的岗位说明书以及作业流程书。

②轮岗多限于干部层，而且有些工作性质完全不同的职位是无法轮换的，如人事、财务人员调到技术开发部门，这是行不通的。

③有的职位过于敏感或有高度机密性，也不适合经常调动。

④调动之前要征求员工意见，对于不愿意换岗位的员工也不要勉强，否则一旦调动他就辞职，公司反而要损失人才。

⑤推行岗位轮换制的出发点是从企业的长远利益考虑。

轮岗制对于员工来讲能促进个人的成长，而对于华为来讲则能提升经济效益。人们用"树挪死，人挪活"来形容换工作带给个人的机遇,但从企业的角度讲,这意味着人才流失和再度招聘与培训的高昂成本。"人往高处走,水往低处流",既然人才流动是种必然现象,那么企业不妨试试让员工在公司内部流动。

3. 事业部制:机会与问题同在

对于企业来说,事业部制就如同一把双刃剑,企业在采用时必须把握好尺度。在实践中,最主要的问题在于如何"控制"事业部。如何真正有效地解决这一问题,就成为华为必须考虑的问题。因此,华为必须与时俱进,在组织管理上加强学习,向国际国内这方面做得好的企业学习。

所谓事业部,就是企业根据所经营的事业,按产品、地区、顾客和市场等来划分与设立的二级经营单位。事业部是受总公司控制的利润中心,但拥有自己独立的市场,拥有一定的经营自主权,实行独立经营、独立核算。

事业部制结构的使用,最早见于美国的通用汽车公司。20世纪20年代初,美国的通用汽车公司收购兼并了许多小公司,产品种类和经营项目增多,企业规模急剧扩大。但其管理却一时适应不了这种急剧的发展,内部显得十分混乱。时任通用汽车公司常务副总经理的P.斯隆参考杜邦化学公司的一些管理经验,于1924年以事业部制的形式完成了对原有组织的改组,使通用汽车公司的整合获得了较大成功。通用汽车公司遂成为实行事业部制的典型,又因其常务副总经理的缘故,事业部制也被称为"斯隆模型"。

事业部制有许多优点。首先,可使最高领导层摆脱日常繁杂的行政事务,集中力量研究和制定企业发展的各种经营战略和方针,使其成为坚强有力的战略决策层;其次,有利于绩效管理。每个事业部都是一个利润中心,各事业部自主经营、责任明确,使得目标管理能有效进行;再次,能增强企业活力。各事业部之间有比较、有竞争,这样可增强企业的整体活力,促进企业的发展;最后,每个事业部都有产品生产、经营和客户服务的全过程,便于企业组织专业化生产、形成规模经济。

任正非经过考察后,从1998年开始对华为有选择、有步骤地进行事业部试点。第一个被选作试点的是华为通信(莫贝克)。1998年成立的华为通信是在董事会领导下的、由华为控制的具有独立法人资格的子公司。在试点初见成效的基础上,华为先后对公司组织结构进行了重大改造,成立了多个事业部。事业部制的实行对华为的发展起了重大推动作用。如华为3COM事业部的成立,对华为的国际化战略就有着重大的意义,帮助华为迈出了"国际化"进程的关键一步。

不过,任何事物都有两面性,事业部制也不可避免地存在缺点。其一,各个事业部都需要设置一套齐备的职能机构,而结构的重叠无疑会导致管理费用上升;其二,因为要独立核算,各事业部为了扩大自身规模,可能会在业务和产品上彼此渗透,造成轻微或严重的"窝里斗";其三,各事业部会形成内部市场,这会影响总部投资方向的决策;其四,总部与事业部集权与分权的关系难以把握,事业部分权过多会削弱总部整体领导能力。

因此,对于企业来说,事业部制就如同一把双刃剑,企业在采用时必须把握好尺度。在实践中,企业面临的最主要问题是如何"控制"事业部。

在这一问题上,任正非对事业部坚持放开周长、控制圆心的策略。所谓放开周长,就是要给予事业部足够大的独立决策权。为此,任正非将包括人力资源、仪器设备在内的公共资源对事业部全部开放,由其自由使用,以加快事业部的发展速度。所谓控制圆心,就是要始终将事业部限制在可以控制的范围内。任正非主张通过控制事业部的资产与运营指标,以此达到控制各事业部的目的。另外,公司下设三大委员会,即人才资源委员会、财经管理委员会和产品战略投资综合评审委员会。三大委员会分别对事业部内相关领域进行管理,这样总部就保证了对事业部的有效控制。在对事业部的控制体系中,任正非把考核作为最重要的手段,通过考核建立起有效的内部动力机制、牵引机制和约束机制。公司对事业部的考核主要是从宏观评价和大指标考核两方面进行,最终则都是落实到对人的评价。

当然,仅靠这些并不能彻底消除事业部制的弊端。因为公司高层领导不在一线,再加上他们精力有限,并不能对事业部的所有具体问题考虑入微。因此,事业部就自然有了很大权限来进行独立操作。在权力分配上,总公司与事业部必然会存在矛盾。如何彻底解决这一矛盾,就成为华为必须考虑的问题。因此,华为必须与时俱进,在组织管理上加强学习,向国际国内这方面做得好的企业学习。

比如在国内,2000年TCL就引进了事业部制——不以产品为单位而是以产业领域为单位的事业部制。TCL建立的销售公司、服务中心、物流系统等均是各事业部共享的平台,并不只对某个产品负责,而是各事业部共享。2006年,TCL公司还建立了一套现代化的信息管理系统,实现了总部对分部的即时管理。另外,事业部产品经营范围界定十分严格。在产品制造下游很少有重复建设现象,而在上游,据TCL有关人士表示,研发仍然是以事业部为单位,但对产品界定非常清楚,即使出现了类似的产品,也会立即划归到同一个事业部经营。

这种模式顺应了信息时代的要求,也克服了传统事业部制的一些固有弊端。事业部制管理的这些新的思路和方法,对于华为这样规模庞大的企业来说有很好的借鉴作用。随着事业部制的不断完善,将给华为的继续发展注入强大动力。

4. 干部制:从基层中来

中国共产党所坚持的就是"从群众中来,到群众中去"的群众路线。而任正非则强调,华为的管理者必须具备基层工作经验。他的出发点也很明确,只有从基层走出来的干部,才更加了解基层员工的想法和管理规定。为了实现这一目的,华为还经常将一些高层领导下放到基层去锻炼。因而,今天的华为,几乎没有高层领导是直接升上去的,也没有外聘的所谓"空降兵"。

在选拔干部这个问题上,任正非的思路始终非常清晰:

凡是没有基层管理经验，没有当过工人的，没有当过基层秘书和普通业务员的员工一律不能选拔为干部，哪怕是博士也不能。你的学历再高，如果你没有这些实践经历，公司就会对你横挑鼻子竖挑眼，你不可能蒙混过关。

现在我们需要大量的干部，干部从哪里来？必须坚持从实践中来。如果我们不坚持干部从实践中来，我们就一定会走向歧途。

在很多人看来，任正非的干部管理理念有失偏颇。企业需要优秀的管理人才，如果有具备条件的人选为什么不用呢？市场上的大部分企业也都是这么做的，他们不排斥接受优秀的管理人才进入企业的高层。但是，任正非在选拔干部时却不是这么考量的，他更看重的是确定一条适合华为发展的人才选拔战略。

是不是外来的"空降部队"就一定不好呢？很多公司的历史经验证明，"空降部队"也是好的，但是其数量绝对不能太大。问题在于我们能不能把这支"空降部队"消化掉。如果不能消化掉，我认为我们公司就没有希望。那么，我们现在有没有消化"空降部队"的能力呢？没有。因为我们每级干部的管理技能和水平实际上都是很差的。

华为不是没有用过"空降兵"，正是因为用过，才知道这样的用人理念不适合华为。当年，华为曾经聘用过从哈佛大学走出来的几名博士。实践证明，他们做的那套东西根本不适用于华为。在这个过程中，华为没有受益，而那几名博士也没有发挥什么作用。当然，任正非对此还是有比较客观的认识的。他知道，这并不是他们的错，他们都是非常优秀的人才，只能怪华为当时受到自身发展水平的限制，无法适应那些先进的管理模式。

另外，任正非也发现，对于发展中的企业来说，"空降兵"所带来的负面效应可能会远远大于他所带来的积极作用。

比如，对于一些经验丰富的管理者，他们的资历大多是在大公司打磨出来的，因而他们进行管理的过程中很可能会受到之前公司的企业文化或管理模式的影响，而这些都可能会降低公司的内部执行力。

再比如，一些外聘的管理人员进入公司后，难免会受到急于求成的思想影响。他们为了尽快做出成绩，很有可能会采取一些固有的工作方法，从而忽视了员工的适应性的问题。

另外，必然会出现的一个问题就是员工们对"空降兵"的抵触。当企业需要人才时，员工们所期待的是上层管理者们对他们的考虑，而不是聘用一个外人来管理他们。面对这样一个人，他们的第一个想法就是不服气，其次便是他们的企业归属感受到影响。这一切所造成的最坏的结果便是员工的忠诚度降低，从而妨碍企业的发展。

从这些方面来看的话，任正非所坚持的人才内部晋升机制就很容易理解了。一方面，选拔的干部必须熟悉并接受公司的企业文化，同时要充分了解员工；另一方面，选拔上来的干部是要管理员工的，因而还要考虑员工是否能够接受。

我们确定的干部路线就是从我们自己的队伍中尽快产生干部，就是要在实践中培养和选拔干部，要通过"小改进、大奖励"来提升干部的素质。当你看到自己的本领提升，对你一生都有巨大意义，你才知道奖金是轻飘飘的，你才知道你今后的人生命运才是最关键的。

为了有效实现干部的培养和选拔策略,华为为员工提供了双通道发展模式,让每个员工都至少拥有两条职业发展通道。

例如,华为的技术人员获得二级技术资格认定后,可依据自己的特长和意愿选择未来的发展道路。他可以选择进入管理阶层,也可以选择继续在技术部门发展。如果员工的管理能力相对欠缺的话,他可以在技术研究上继续深入,而一旦成了资深技术专家,也同样可以享受副总裁级别的待遇。

这样的员工发展规划既可以留住人才,也可以挖掘人才。内部晋升既是对员工的鼓励,也是为公司的未来创造希望。

很多人猜测:任正非坚持内部晋升会不会在管理上形成故步自封的态势?不会。任正非虽然不外聘管理人才,但他一直积极主张学习其他企业及国外的先进管理方法和人才任用机制,将其运用到华为的管理实践中。众所周知,华为请Tower公司做过顾问。任正非也一直积极地向IBM公司学习,并将先进的理念改良之后就形成了具有华为特色的干部管理制度。

5. "有效沟通",华为的特殊风景

美国著名未来学家奈斯比特曾指出:"未来竞争是管理的竞争。竞争的焦点在于每个社会组织内部成员之间及其与外部组织的有效沟通上。"任正非似乎对这一点早有预见,他通过良好的沟通方式,锻造了一流的组织,向世人证明了自己足以依赖其冲向未来的强大组织实力。

关于"沟通",有这样一个小故事:一位父亲带着4岁的儿子去商场购物。父亲领着儿子直扑目标而去,购完即走。当二人快要步出商厦时,儿子突然给父亲出了这样一个谜语:"爸爸,一个碗加一个锯是什么?"父亲苦思冥想,无言以对,儿子则颇为得意地说出了答案:"玩具。"父亲这才恍然大悟,原来刚才匆匆经过玩具柜台时没有停步,儿子是在用这种可爱的方式提醒自己对他的忽略。于是,父亲笑着带儿子折回玩具柜台。

故事中的孩子用一种轻松的方式明确表达了自己的需求,利用沟通化解了可能的抵触。由此可见生活中沟通的重要性。

对于一个企业来说,有效的沟通也是十分重要的。如果沟通渠道不畅通,很可能会引发这样的问题:许多信息被扭曲,组织内部充满流言蜚语,上下级关系不和谐,同事之间相互猜忌,上层决策得不到充分地执行。许多企业认识不到这些,认为业务做好就行,各种沟通无关紧要,殊不知良好的沟通有时能起到四两拨千斤的作用。在任正非的努力下,华为的组织沟通做得就十分成功。

众所周知,目前企业内部有各种考核。与其他企业不同的是,华为不只看考核结果,更注重的是考核后的沟通。只要事关评价,比如季度的例行考核、劳动态度评定、任职资格认证,华为的部门主管都会和员工沟通。就考核结果对员工个人优点在哪里、不足在哪里,共同进行讨论,甚至还要制订详细的绩效改进计划。华为就是要通过这样的沟通让员工知道公司的战略、公司的导向、自己的价值、自己的优点和不足以及未来的发展。华为通过各种形式的考核,实现了公司与员工的对话、员工与员工的对话、员工与自我的对话,在解决问题的同时,还传递了真情。

　　每年年终,任正非都要求各层级召开民主生活会。中高层干部要聚集在一起开民主生活会,开展批评与自我批评,对自己过去一年的工作进行全面总结。然后,其余的人每人必须对其提出一条以上的意见,指出一个以上的缺点。各个部门也遵照这样的程序分别召开本部门的民主生活会。

　　另外,这种形式的民主沟通还会延伸到年终薪酬发放过程中。员工开始上班时会听说,部门主管在年终给本部门员工发放红包时,会同时送上一件"神秘的礼物"。新员工都好奇地盼着这一天的到来,老员工则笑而不宣。终于盼到年终发红包这天,部门主管手拿着红包,笑着走进来。新员工紧张而兴奋,心思不在红包有多大上,只是想赶快看看那"神秘礼物"。这时,主管就会把新员工叫到一个幽静的地方,坐下来先让他谈这一年的工作感受,然后心平气和地将"神秘的礼物"送给他。临走时,主管还会拍着员工的肩膀说,"好好珍惜这'神秘礼物'哟!"

　　那么,这个"神秘礼物"到底是什么呢?原来,这"礼物"就是告诉员工他的缺点与改进意见。公司要求每名部门主管在给员工发红包时,必须同时指出其缺点,并提出改进要求以促使员工改进。这种沟通与发红包安排在同一时间,目的是让员工在心理上乐于接受。

　　不仅如此,华为内部的"非正式沟通"也很多。"非正式沟通"是现代管理理论中的一个新概念,它指的是利用各种场合,通过各种方式,排除各种干扰,来保持经常不断的信息交流,从而在一个团体中形成一个巨大的、不拘形式的、开放的信息沟通系统。有很多人不赞成团队中使用这种沟通方式,认为非正式沟通等同于小道消息,它可能会破坏团队的稳定。华为的"饭桌文化"就是对这种观念的彻底批判。部门领导请下属吃饭在华为是司空见惯的事情。每次吃饭三五成群、浩浩荡荡，一般都是部门领导和他的员工们同去。菜足饭饱，领导埋单。在华为有一条不成文的规定，领导当官是沾了下属的光，领导应该感谢下属，所以领导请客。吃什么不重要，最重要的是和谁一起吃。饭桌拉近了领导与员工的距离，双方充分沟通。员工能够提出新意见、好想法，领导能够对员工的意见及时而有效地进行反馈，这样就形成了良好的沟通氛围，组织成员的工作积极性就能最大限度地被调动起来。

"饭桌"文化还有效地促进了部门间的合作。华为总部派人到办事处办事，事情还没谈，先吃饭再说，也就是找一个咖啡厅或者干净的小饭店，吃的同时顺便把本次来的目的、对策全都穿插进去。饭吃完了，问题也就谈完了。吃人嘴短，办事处各方面当然会积极配合。

类似这样的沟通方式，在华为还有很多，可以说各种形式的沟通已构成华为内部一道特殊的文化风景。华为就是通过这样的有效机制为员工营造了一个极具人文色彩的工作氛围，增强了员工的归属感。

河水泛滥了，最有效的控制办法是疏导，而不是堵截。如果把河流比作成一个组织，那么欲使一个组织渠道上下畅通，最有效的方法是沟通。有效的沟通可以加强组织凝聚力，保证其强大的力量不致涣散。华为之所以能够从最初的几个人组成的小企业发展到具有国际化规模的大企业，跟任正非要求加强组织沟通能力的观点是分不开的。

6. 规则是最大的说服力

华为为什么会如此强大？有人这样总结:原因在于华为是中国最早制定公司基本法并以该法管理公司的企业。有法可依,有法必依,所以狼性十足,后劲十足。

据说,联想和惠普曾选出员工组成运动队举行攀岩比赛,两个队实力大体相当。惠普队比赛前强调的是齐心协力、注意安全、共同完成任务。联想队在一旁,没有做太多的士气鼓动,而是一直在合计着什么。比赛开始后,惠普队几处碰到险情,尽管大家齐心协力、排除险情,完成了任务,但因时间拉得太长最后输给了联想队。那么联想队在赛前合计什么呢? 原来,赛前他们根据队员个人的优势和劣势对比赛进行精心策划:第一个行动的是动作机灵的小个子队员,第二个是一位高个子队员,女士和身体庞大的队员放在中间,殿后的当然是具有独立攀岩实力的队员。于是,他们几乎没有险情地迅速地完成了任务。

那么联想队在此次比赛中获胜的原因是什么呢? 善于未雨绸缪?合理地组合资源?这些因素都有,但我们这里要从另一个角度来说,那就是这个队在内部事先制定了一个合理的章法。比赛中,努力拼搏当然很重要,但如果没有一定的组织规则来指导,并坚决按其行事,那么再有拼搏精神的团队其行动效率也不一定高。可以说,这就是在同样努力的情况下,以上两个实力相当的运动队所得成绩不同的根源。

其实，对于任何一个组织来说，章法都十分重要。合理的规则是保障组织成员行为一致的前提和基础。要使组织成员能够具有统一的思想并各尽其职，组织者首先需要做的工作就是"建章立制"、确定游戏规则。在竞争激烈的商场中，对于企业来说这一点更是不可忽略的。

华为在最初的创业阶段，人数很少，管理也很灵活。但是随着公司部门的增多、规模的扩大，如何有效管理庞大的团队就成了一个亟需考虑的问题。于是华为推出了《华为人行为准则》《华为员工职业道德规范》，对员工行为做出了基本的规范。然而，这些简单的规范、准则还是有很大的局限性，公司缺乏一个统一的制度作为组织的灵魂。

1997年，在任正非的强烈要求下《华为基本法》诞生了。《华为基本法》共六章一百零三条，内容包含了：公司的宗旨；基本经营政策；基本组织政策；基本人力资源政策；基本控制政策；接班人和基本法的修改。《华为基本法》统一了华为所有的规章制度，它的出台标志着公司制度建设的进一步成熟。

除了制定统领全局的法规，随着公司内部和外部形势的发展变化，华为方方面面的制度也不断健全起来，其中涉及财务与资金管理、流程管理、营销管理等各方面。

任正非还通过制订规则来解决"人治"难以处理的各种问题，比如组织成员的新老交替问题。

如今，国内企业在组织管理上普遍存在着一个难题，那就是人事的新老交替问题。现阶段，中国大多数企业新老交替问题的解决，主要还是依靠企业家的个人智慧，诸如明升暗降、拆分封侯、因人设岗、强制退位,等等,都是企业家们"各显神通"的结果。然而这方面管理仅仅靠"人治",不仅难以令众人信服,有时甚至会出现很大失误。

任正非深深认识到这一点,对此曾说:"前些年,由于公司快速发展,我们提拔了很多人,当时犯过乔太守乱点鸳鸯谱的错误,并不是我们选拔的所有干部都合乎科学的管理规律。因此,一定要把任职资格的工作扎扎实实做到底,3～5年内形成自己的管理制度,公司就有了生存下去的希望。"

如何从制度上实现企业内部的新老接替,任正非一直在探讨这一问题。

从1998年开始,华为与NVQ(英国国家职业资格委员会)合作,在公司内推行任职资格制度,希望逐步实现新老交替的制度化。制度主要包括三部分内容:职业发展通道、任职资格标准和资格认证。其中,"五级双通道"的职业发展通道模式的采用,使华为员工不仅可通过管理职位的晋升来发展,也可选择同自己业务相关的营销、技术等专业通道发展。每条通道的不同级别,都有相应的资格认证标准。原则上,每两年进行一次职位资格认证,公司根据认证结果,决定人员是继续留任、晋升,还是降级使用。尽管任职资格制度在实行中要考虑诸多问题,还需要不断完善,但是资格认证的过程充分体现了相对的公正。

当然,规章制度制定出来并不能说明太多问题,最重要的还是能有力推行。对于一个组织而言,良好的执行力十分重要。很多人都将执行能力的强弱作为评价一个企业优劣的重要标准。

华为一直以其强劲的执行力为业内所称道。由于任正非是军人出身，多年的军旅生涯使他养成了对上级命令绝对服从的习惯。因此，他也将军事化管理体制移植到华为的企业管理中，形成了企业管理军事化的执行氛围。

任正非甚至规定：不合理制度，唯修改后才可不遵守。为保证制度的权威性、保证执行的效率，他宁可暂时犯一些明明知道的错误。其实，任正非并不是禁止员工提建议。他希望看到的是成熟的、有针对性的建议，而不是牢骚或夸夸其谈。

为保证制度的有效执行，华为十分强调组织纪律性。

某位华为新员工，在其培训期间的日记中曾这样写道："我们每天5：50集合，穿统一的黄色运动服开始跑操，然后就是一些简单的军训项目，比如正步走、跑步走等；早餐后开始上课，到12点再排队去吃饭。中午午休到2点，下午继续上课，晚上一般上自习，每天写日记，每逢周五在教室看公司指定的电影，不间断地写心得。"在培训的时候，华为要求员工服装严格统一：白色无暗纹的衬衣，黑色西裤，黑色皮鞋，深色袜子。"班主任经常在我们看书的时候探头探脑地往我们脚下看，并且屡有收获，擒获几个穿白袜子的，每人罚款200元，作为班级活动费用。"这些看似苛刻的要求，给员工留下了深刻的印象。他们知道，进了华为的大门，就要把制度奉若神祇，要严格地坚守与执行。

当然，华为这样的管理机制也曾引来不少争议。但不管怎么说，华为之所以有今天，与其严格的制度化管理是密不可分的。

7. 从制度化管理到规范化管理

早期任正非更多的是把规范化管理等同于制度化管理，或叫标准化管理。尽管规范化管理最终也要落到制度层面上，通过规章制度来实施，但制度化管理仍远不等于规范化管理。但在随后的发展过程中任正非逐渐认识到，许多流程没有制度、标准而言，企业要引入现代管理制度，把人治变为法治，从主观到客观，必须建立管理的标准体系。建立这些标准体系的一系列活动就是管理的规范化。

任正非认为：规范化除制度化外还需要几个方面的配合，规范化企业不能做什么是一种方式，企业应该怎么做才是实质，这是企业规范化的核心，但还需要流程化、标准化、表单化、数据化来配合，才显得制度化是完整的规范化。一些早期成功的做法应保留下来，一些历史数据应保留下来做考核依据，将内部的做法进行总结、提炼，完全从外部导入一些制度对企业是没有好处的。

他在一次讲话中提出要"以业务为指导，规范化管理"：

业务为主导，就是要敢于创造和引导需求，取得"机会窗"的利润。

我们要继续坚持业务为主导，会计为监督的宏观管理方法与体系的建设。什么叫业务为主导，就是要敢于创造和引导需求，取得"机会窗"的利润。也要善于抓住机会，缩小差距，使公司同步于世界而得以生存。什么叫会计为监督，就是为保障业务实现提供规范化的财经服务，规范化就可以快捷、准确和有序，使账务维护成本降低。规范化在服务的过程中也完成了监督，要把服务与监控融进全流程。我们也要推行逆向审计，追溯责任，从中发现优秀的干部，清除沉淀层。以业务为主导，会计为监督的管理模式，就是要为推行区域、业务的行政管理与统一财务服务的行政管理相分离做准备。

我们认为规范化管理的要领是工作模板化，什么叫做规范化？就是我们把所有的标准工作做成标准的模板，工作就按模板来做。一个新员工，能看懂模板，会按模板来做，就已经国际化、职业化，以现在的文化程度，三个月就掌握了。而这个模板是前人摸索几十年才摸索出来的，你不必再去摸索。各流程管理部门、合理化管理部门，要善于引导各类已经优化的、已经证实行之有效的工作模板化。清晰流程，重复运行的流程，工作一定要模板化。一项工作要达到同样绩效，少用工，又少用时间，这才说明管理进步了。我们认为，抓住主要的模板建设，又使相关的模板的流程连接起来，才会使IT成为现实。在这个问题上，我们要加强建设。

由于政治、经济等各方面原因，中国企业在同国外大企业竞争的过程中，技术落后无疑是一个明显的劣势。任正非感慨万千："华为成立之初十分幼稚，选择了通信产品，没想到一诞生就在本国遇到了最激烈的国际竞争，竞争对手是拥有数百亿美元资产的世界著名公司。"但是，华为在面对强大的竞争对手时并没有退缩，而是奋起直追，加大对产品研发的投入和开发。经过多年的努力，华为的产品已经在市场上拥有了相当强的竞争力，公司客户也遍及亚洲、非洲、欧洲以及美洲。但是，任正非清醒地意识到，在电信基础技术研究领域，中国企业是没有优势的，以前没有，现在没有，但将来可能会有。在现阶段，华为的生存和发展，除了继续在产品上不断创新之外，优良的管理和良好的服务必不可少。

目前，中国企业仍处在职业化管理的初级阶段，许多企业都希望通过管理体系的规范化、标准化来推进职业化管理。

正如盖房子要先打地基一样，企业管理的地基就是规范化管理。作为企业管理地基的规范化管理如同六根支柱的六个系统构成，只有把这六根支柱深深地打入"地下"，企业大厦才会稳固。

规范化管理的六个系统分别是：战略规划的规范、程序流程的规范、组织结构的规范、部门岗位设置的规范、规章制度的规范、管理控制的规范。

企业规范化管理，也需要制度化，也需要标准化，但它的重点在于为企业构建一个具有自我免疫、自动修复的机能。也就是说，使企业组织形成一种内在的自我免疫功能，能自动适应外部环境的变化，能抵御外部力量的侵害。并且当企业组织在发展过程中遭遇外部创伤后，能自动地修复愈合，使企业实现持续稳定的发展。或者说，它赋予企业组织一种生命力，让企业像一个生命有机体一样，当企业组织发生创伤和病变后，具有自动愈合、自动产生抗体抵御病源，恢复健康的机能。现实中绝大部分走向衰落的企业，之所以会因为很小的挫折，就导致企业组织分裂解体，其原因就在于它没有这种自我免疫和自动修复的机能。

第九章

沉浮国内市场，没有成功只有成长

1. 目标远大，"野心"可嘉

任正非在华为成立之初，在一穷二白的情况下，就提出了远大的战略目标：做一个世界级的、领先的电信设备提供商，其野心可见一斑。正是因为任正非的这种"可嘉"的野心让华为成为了在核心技术上有所突破、最接近世界领先水平的中国企业。

华为成立之初，公司前景黯淡，但即使在几间小屋里做交换机代理业务时，任正非仍把公司定位在做一个世界级的、领先的电信设备提供商，并且逢人就传播这个狂想。这个想法在当时是如此不可思议，以至于他被人称为"任疯子"。

20世纪80年代中后期，我国开始进行大规模电信建设，丰厚的利润和极低的门槛使得行业中迅速涌现出几百家交换机生产和代理厂家，激烈而无序的竞争很快导致整个行业的没落。意识到生存危机的任正非决定孤注一掷,义无反顾地走上了充满风险的自主研发之路。

电信业是一个竞争极其残酷的行业,不是发展就是灭亡,电信公司没有第三条路可走。华为也同样如此,没有了退路,要生存就必须谋求发展。在压力面前,任正非这样对华为人说:"处在民族通信工业生死存亡的关头,我们要竭尽全力,在公平竞争中自下而上发展,决不后退、低头。""不被那些实力雄厚的公司打倒……十年之后,世界通信行业三分天下,华为将占一分。"

山重水复疑无路,柳暗花明又一村。正是任正非这种"可嘉"的野心带领华为走出了困境,步入了成功,所有一切都得益于做一个世界级的、领先的电信设备提供商的战略定位。

1997年,任正非颁布《华为基本法》,明确了华为的纲领:华为的追求是在电子信息领域实现顾客的梦想,并依靠点点滴滴、锲而不舍地艰苦追求,使我们成为世界级领先企业。

2004年,任正非对外宣布了华为生产的核心路由器产品打入广东电信骨干数据网的成绩。在国家级的骨干数据网建设中,以往使用的基本上都是美国思科公司的设备,从来没有国内公司设备被采用过。这次广东电信选择了华为核心路由器担任广东163网络建设就清楚地表明:华为的高端路由器已经同思科12800系列产品在同一水平上。任正非正逐步实现着他为华为打造的近期目标:尽快在中国实现核心路由器市场超越思科。

任正非后来在一篇回忆性文章中说:

我国改革开放初期,为了加快发展速度,不断地用优惠政策吸引外资,引进技术,一时间合资合作浪潮此起彼伏。而当时中国还处在一个由计划经济到社会主义市场经济的转型时期,许多的政策法规还不健全，国内工业体制、技术改造尚未完成，在这种情况下合资合作的结果是让出了大片市场，使国有企业处于不平等的竞争劣势中。这种以市场换技术的代价太大了！技术自立才是根本，没有自己的科技支撑体系，工业独立是一句空话，没有独立的民族工业，就没有民族的独立。只有自己才能救自己，从来就没有什么救世主，也没有神仙。中国要发展，就必须靠自强。

任正非的"野心"在华为全球化发展过程中也体现得淋漓尽致，尤其对全球市场，任正非总有着永不满足的胃口。2001年，华为海外市场的销售收入达到了3亿多美元。除了欧美市场外，华为的产品几乎遍地开花。此后，任正非又将目光转向了各大通信巨头们盘踞的欧美市场。当他率领华为准备进入跨国通信巨头们的势力范围时，这些企业开始感觉到华为给它们带来的巨大威胁，并且对华为公司进行了一些战略上和经济上的遏制，来压制它在各国市场的发展。对于充满野心的任正非来说，这样的打压根本无法阻止华为的前进。很快，华为在全球建立了8个地区部和32个分支机构，销售及服务网络遍及全球，通过其更具个性化、客户化和差异化竞争优势的产品、解决方案服务客户，赢得了客户的信赖。2005年4月，美国《时代》周刊评选出2005年度影响世界的100位名人，任正非成为"商界巨子"中唯一入选的中国人。

任正非并不满足华为在技术和市场方面做大做强，他的最终目标是让华为进入世界500强，成为顶级的电信设备提供商。当华为在技术研发和市场都初具规模时，任正非便开始为华为制定一系列长期可持续发展的战略，并投入巨资建立和完善公司的管理体系。

1991年，任正非在华为设立了管理科，频繁招聘管理学硕士、博士，抓公司的管理。1996年，任正非又在管理建设方面改变思路，全面借助外力建立公司的管理体系。首先他请人民大学专家组对华为的经营理念和基本经营政策进行提炼和总结；其次还引进美国ORACLE公司的企业资源计划（ERP）系统；接下来，他请HAY公司为华为建立人力资源管理系统，请KPMG公司建立财务管理系统，请IBM咨询公司建立公司整体构架，实施业务流程重组（BPR）和建立公司的信息系统。通过任正非的不懈努力，华为的管理上了一个台阶，具备了国际大公司管理的雏形。

任正非这种虽处弱势地位却立志成为强者的胆识和气概，正是商场竞争中所需要的。"要么不做，要做就做最好"，只有制定这样的目标，才有可能抢占先机取得成功并保持领先地位，成为行业中的翘楚。华为之所以成功，正是因为任正非的勃勃雄心，在初期他就为华为制定明确的差异化战略，选定未来的发展方向，然后全力投入。他深知：只有创造属于自己的机会，而不仅是追逐外在的机会，才是企业的领先之道。随着任正非制定的一系列策略的实施，随着华为公司国际化步伐的加速，华为必将抓住世界通信行业3G和NGN发展所带来的新的机遇，真正成为世界一流的通信设备制造企业。

2. 革自己的命，阵痛过后是成长

新的时代，不变无以生存，唯有审慎而富有创意的改革，才能领导企业走上极具市场竞争力的康庄大道。华为就是以现有的市场能力为起点，以所希望获得的市场能力为目标合理策划，以改革企业现状为手段，从而提升了企业核心竞争力。

"脚踏先辈世代繁荣的梦想，背负民族振兴的希望，我们诚实、积极向上。学习美国的先进技术，吸取日本的优良管理，像德国人那样的一丝不苟、踏踏实实、兢兢业业。"这是1995年任正非创作的《华为之歌》。我们从中可以看出，当时任正非已经认识到向世界级企业学习的重要性，并希望华为通过广泛的交流来博采众长，把美国的技术、日本的管理、德国的敬业精神融为一体。

两年后，任正非访问美国，此后华为的学习方向和学习模式发生了重大的改变。

任正非的这次美国之行访问了IBM、惠普、休斯电子和朗讯四家最具典型意义的美国一流企业。通过这次参观访问，任正非敏锐地意识到：在以知识经济为趋势的21世纪，唯有创新才是企业持续发展的强大动力。而IBM、惠普之类的美国企业在创新和管理上的优势是其他国家企业难以望其项背的。因此对于身处IT产业的华为而言，只有向美国学习，不断创新并加强对创新过程的有效管理，才能在通向世界级企业的道路上持续走下去。

在参观的这些企业中，任正非从IBM所受到的震撼和启发最大。IBM主要介绍的是它的研发管理模式，并对研发项目的概念、计划、开发、验证、发布和生命周期等六个阶段的管理进行了全面的介绍。因此，任正非决定向IBM学习，他说："我们只有认真地向这些大公司学习，才会使自己少走弯路，少交学费。"而且当时的华为也正面临着IBM当年所面对的业务转型问题，任正非说："IBM的经验是它们付出数十亿美元的代价总结出来的，它们经历的痛苦是人类的宝贵财富。"他认为华为最可能的转型方向是由电信设备制造商向电信整体解决方案提供商和服务提供商转型,以充分发挥华为产品线齐全的整体优势。这样华为就可以借鉴IBM1993年以来的宝贵知识和经验。虽然IBM和华为在产品领域上有不小的差异,但是管理的实质是相通的。

1998年8月,华为与IBM公司合作启动了"IT策略与规划"项目,开始规划华为未来3～5年需要开展的业务变革和IT项目,其中包括IPD(Integrated Product Development,集成产品开发)、ISC(Integrated Supply Chain,集成供应链)、IT系统重整、财务四统一等八个项目。

IBM公司顾问团队进驻华为的时候,华为刚刚经历了连续五年的翻番式增长,并已经在国内确立了龙头老大的市场地位。持续的成功让华为的员工们充满了无往不胜的良好感觉,独立自主的发展历程也似乎证明了虽然华为自己的东西不是最好的,但却是最适合的。尽管华为的管理层已经意识到必须向世界一流企业学习,并引进了"外援",但华为却依旧在惯性下延续着原有的模式运行。为了将IBM先进的管理模式应用到华为的日常管理中,任正非采用了"削足适履",完全照搬的变革方式。

变革最大的阻力就是组织内部原有的观念,华为当时的情况就是这样。在变革初期,员工甚至一些中层领导的抵触情绪非常大,他们要么质问"美国鞋"是否适合华为,要么认为华为的现有流程比IBM还要先进,而且很多人纷纷提出"应当根据中国国情,根据实际情况,进行改造,有选择地应用"。这个时候,任正非"不分青红皂白"地严厉指出:"我最痛恨'聪明人',认为自己多读了几本书就了不起,有些人还不了解业务流程是什么就去开'流程处方',结果流程七疮八孔地老出问题。员工一定要明白IBM是怎么做的，一定要学习人家的先进经验。我们将通过培训、考试，竞争上岗，即使有人认为自己比IBM还要厉害，不能通过考试的也要下岗。"

任正非把这次变革称为"革自己的命"，触及自己灵魂是最痛苦的，但他要华为人学会享受这种痛苦。因为华为的规模大、产品线宽、系统复杂、技术含量高等原因，IPD在华为的实施是十分艰难的。任正非铁腕推行，将落实IPD上升到了华为的生存层面："IPD关系到公司未来的生存与发展，各级组织、各级部门都要充分认识到它的重要性，通过'削足适履'来穿好'美国鞋'的痛苦，换来的是系统顺畅运行的喜悦。"

1999年11月，任正非第一次明确了业务流程变革的三部曲：先僵化、后优化、再固化。让华为在开始的两三年以理解消化为主，之后再进行适当的改进。

在最初的僵化阶段，华为的反应速度明显放慢了，客户、研发人员、营销人员都怨声载道，变革遭遇到了更大的阻力。在一片反对声中，任正非仍旧固执地坚持着。他认为：华为不能盲目地、支离破碎地改动大的流程与程序，直到华为能够真正消化理解流程；华为目前的情况是只明白IT这个名词的概念，还不明白IT的真正内涵，在没有理解IT内涵前，"千万不要改进别人的思想"。

2003年上半年，IBM专家撤离华为，业务变革项目暂告一个段落。在推进管理变革的过程中，华为每小时付给国外专家的费用高达300~680美元，累计在软硬件方面的投入达十亿元以上。这次变革涉及了公司价值链的各个环节，是华为有史以来影响最广泛、最深远的一次管理变革。经历了"削足适履"的阵痛后，华为打造出了一个IT支撑的、经过流程重整的、集中控制和分层管理相结合的、能够快速响应客户需求的管理体制。

随着华为公司规模的日益庞大和市场的日益扩张，IPD系统的重要性也日益凸显出来。面对各种各样的市场需求，如果没有一套准确的筛选评估测试体系，华为的整个研发体系将会崩溃，而平滑运行的IPD系统则大大缩短了产品的研发周期，降低了研发风险。IPD系统会在产品研发的每个阶段，都要求企业按照是否违反知识产权保护以及是否通过申请专利保护企业利益而进行严格的自我检查。这一管理流程的严格执行，保证了华为在技术研发上的"干净"，使华为在后来与思科侵权案中，能够占据优势并最终与思科达成和解。当华为开始与世界顶级的电信运营商用统一的语言进行沟通的时候，很多华为的员工，包括一些中高层管理者，才理解了任正非"变革之刃"的良苦用心。

任正非的"削足适履"，看似违反客观规律，实际上是一种实事求是、遵循客观规律的态度。新的事物，必须充分了解它、熟悉它，才能够知道它是否适合，才能够继承和超越。华为在经历了"削足适履"的阵痛后，能够更快更好地发展就很好地说明了这一点。

3. 从人民战争到精准出击

华为得以成功的一个重要原因就是依靠"狼性"，即依靠敏锐的嗅觉来把握市场需求，并迅速推出产品以及团队合作的"群狼战术"。

但这也造成了华为的技术人员重功能开发、轻产品可靠性和服务质量等致命缺点。因此,开发出来的产品投放到市场之后,许多问题就一下子暴露出来了。

1998年8月,华为与IBM的合作项目——"IT策略与规划(ITS&P)"项目正式启动。该项目包括集成产品开发(IPD)、集成供应链(ISC)、IT系统重整等八个项目,其中集成产品开发和集成供应链是重中之重。

集成产品开发(IPD)是一种管理企业研发从想法到收益的理念和方法。它强调企业要以市场和客户的需求作为产品开发的驱动力,在产品设计中就要构建产品质量、成本、可制造性和可服务性等方面的优势。IPD将产品开发作为一项投资进行管理:在产品开发的每一个重要阶段都将从商业利益的角度,而不仅仅从技术的角度对产品开发进行评估,以确保产品投资回报的实现或尽可能减少投资失败所造成的损失。

华为一直被认为是国内企业中最注重技术的企业之一,公司每年都将销售收入的10%以上投入到产品开发中,而且研发人员的比例也一直保持在员工总数的40%以上。2001年英特尔执行副总裁魏德生访问华为,当他听说华为的研发人员超过10000人的时候,不由得大吃一惊,因为华为的研发人员,居然比英特尔这个视技术为生命的公司的研发人员还多。不过,这些只是表面的数字,尽管从数字来看华为似乎做得还不错,但是实际上华为研发的效率与国际水平的差距还是很大的。任正非清楚地看到,华为空有如此多的人力投入,但研发投资的效益仅仅是IBM的六分之一。这种"人民战争"式的研发在费用上浪费惊人,而且在研发的导向上还存在着严重的问题。

1998年,华为凭借良好的客户关系以及价格优势在九江本地网传输项目中击败朗讯,一举拿下了华为第一个城市SDH光纤传输项目。庆功大会后还没过几个月,在接下来的安装调试阶段就出现了严重的问题,整个系统一直无法正常使用。按照惯例,华为需要用新的设备把故障机换回来,而任正非却咬牙坚持说:"不能换。换回来研发就不会感到痛,我就是要让他们痛一痛。"结果,华为为此付出了巨额的赔偿。

但仅凭压力而产生认识上的觉悟是远远不够的。1997年,任正非走访了IBM、惠普等多家高科技企业,他发现这些企业的研发模式并不是单纯地提高产品的开发速度,而是在保证产品质量的前提之下缩短产品的上市时间。实际上,国际竞争对手对华为的这些"软肋"十分清楚,摩托罗拉中国区总裁高瑞彬就曾经说过:"仅仅凭借客户关系和'群狼'战术,华为的竞争优势不可能一直延续下去,很多隐患必然会在华为继续壮大的过程中表现出来。客户总觉得华为的反应速度快,机房一出现问题华为就能派人连夜赶到并马上调试,这并不一定就是好事——改来改去,各地的版本差异越来越大,将来设备升级的时候可能一团糟。现在华为反应迅速是因为接触面小,将来在全球市场发展,现在的这套机制还能保证华为同样反应迅速吗?"

任正非发现集成产品开发就能很好地解决这一问题,能够让华为研发从"手拍脑袋"到"脑子指挥手",而同时进行的集成供应链则可以为规模日益庞大的华为"打通成本经脉"。

规模不经济可以说是中国企业的通病,因为曾一贯采取粗放的经营模式,在企业做大之后,这种"增产不增收"的效益递减现象就会凸显出来。华为也不例外。过去的十年间,华为之所以能够在与国际对手的竞争中发展起来,主要依靠人力资源的成本优势和基于中国市场特点的营销能力这两方面的优势。但相对的成本优势会随着中国经济的发展而逐渐减弱,因为华为的营销模式只是基于中国市场特点的,所以当华为走出去的时候,这些优势就荡然无存了。

避免规模不经济,就要降低成本,而持续降低成本的努力方向,应该逐步从仅仅降低投入成本转向降低企业运营过程中所有环节的成本上来,这样才能够保证企业的持续发展。全球第一大零售巨头沃尔玛和第一大PC厂商戴尔,都是依靠降低整体运营成本获利的成功范例。

降低运营成本最核心的就是重整供应链。1999年,IBM顾问在对华为的调查中发现,华为的供应链管理水平与业内先进公司相比存在较大的差距:华为的订单及时交货率只有50%,而国际上领先的电信设备制造商的平均水平为94%;华为的库存周转率只有3.6次/年,而国际平均水平为9.4次/年;华为的订单履行周期长达20~25天,国际平均水平为10天左右。由此可见,华为的供应链管理仅仅发挥了20%的效率,还存在着很大的提升空间。

IBM带给华为的集成供应链包括了从采购、库存管理、生产制造,一直到产品交付与售后服务的所有业务环节,基本原则是通过对供应链中的信息流、物流和资金流进行设计、规划和控制,保证实现供应链的两个关键目标:提高客户的满意度、降低供应链的总成本。任何一个环节出现问题都会影响到整个链条运作绩效的改进。集成供应链如果想要运行良好就需要整个产业环境所有环节运作能力的提升。因此,任正非在职工动员会上这样说:"ISC(集成供应链)解决了,公司的管理问题基本上就全部解决了。"

当然,不同市场环境下的供应链管理模型差别是很大的,正如集成产品开发在IBM已经成功实施多年，但IBM自己也还在探索实施自己的集成供应链项目。所以华为并没有现成可以学习的模板，只能在集成供应链理念的指导下，以自身及其客户显示的状况为起点，摸索着开展。

在进行集成产品开发以及集成供应链变革项目的同时，华为也对IT系统、财务系统等都进行了重新规划和设计，以有效支撑业务流程的变革，逐步完成了从"人民战争"到"精准出击"的过渡，提升了企业的管理水平和核心竞争力。

从"人民战争"到"精准出击"，显示的是任正非经常理念的飞跃，也显示出华为在生产、研发、营销等业务环节上从盲目求大求全求快的粗放经营模式，向提高效率、降低成本的经营模式转变。这种转变适应了市场的要求，提升了企业的整体管理水平和核心竞争力，使华为国际化的道路更加平坦顺畅。

4. 舍得投入，成长第一

实施成长最大化策略的企业，一切行为都要以"成长"为根本出发点。任正非制定的成长最大化策略具体的表现是"不计成本"，为保持较快的市场增长速度、执行成长第一的策略，华为很舍得投入。

华为的业务范围已经覆盖了90多个国家和地区的300多家运营商，不仅在发展中国家的市场大步前进，在发达国家市场也有了实质性的突破。2005年上半年，华为全球销售额达人民币330亿元，比2004年同期增长85%，仅海外销售就达24.7亿美元，占销售总额的62%，并超过了2004年全年的国际市场销售额。同时，华为还新进入了19家运营商，包括成功入选英国电信"21世纪网络"的供应商名单。

在无线领域，华为是业界成长最快的公司之一，其3G技术已经跻身全球第一阵营。能够获得这样的成绩，归功于任正非自创建华为以来制定并贯彻执行的成长最大化策略，而非其他企业那样以利润最大化为出发点。为了尽可能抓住机会，任正非宁可公司在一定时期内放弃眼前的利润。尽管任正非此举使华为损失了一些可以看得见的利润收入，但华为却因此获得了发展的良机，从而迅速发展起来。

实施成长最大化策略的企业，一切行为都要以"成长"为根本出发点。这样的企业在决策方面与其他企业是有很大不同的。从与同业竞争的角度去看，实施成长最大化策略的企业在竞争规则上发生了根本的改变：在方式上，从弱肉强食到合作竞争；在目标上，从唯利是图到和谐发展；在结果上，从你死我活到互利共赢。从企业家精神的角度去看，随着企业的不断成长，企业家精神在进行不断地演化，如创业初期的个体企业家精神，成长和发展期的公司企业家精神，进一步做大和做强的社会企业家精神，等等。

任正非所制定的成长最大化策略中最重要的一环就是自主研发，这点从他当初孤注一掷研发交换机上就能够看出来。此后华为每年都将销售收入的10%用于研发，而且研发人员的比例也一直保持在员工总数的40%以上。

华为成长最大化策略的另一个具体表现是"不计成本"。

为了保持较快的市场增长速度,执行成长最大化策略,华为很舍得投入。华为在市场费用上敢于花钱是出了名的。华为员工的收入一流,费用开支同样也是一流的。任正非还曾提出"出差要住星级酒店,参展要在国际展厅,捐款要有轰动效应,市场要抢最大份额"的口号,还向员工灌输"不敢花钱的干部不是好干部,花不了的要扣工资""省钱的不是好干部"等理念,鼓励员工在该花钱的时候一定要舍得花钱。

对重点客户的投入不惜血本。1996年,华为在国内市场的开发上投入了一亿多元资金,年终结算后发现,开发部节约了几千万。任正非知道后说了一句话:"不许留下,全部用完!"开发部最后只得将开发设备全部更新了一遍,换成了最好的。

其实,华为如此的大手笔是与公司的市场定位及竞争对手的变化有关的,与公司的资金状况并没有直接的关系。也就是说并非华为的钱多得不得了,必须用这样的方式花出去。华为进入高增长期的1997年至1998年这两年时间里,其资产负债率高达60%,这就能够很好地说明这一点。究其原因,我们不难发现,在1994年以后,华为公司的产品档次迅速升级,与国内其余的一百多家小型交换机厂家拉开了距离,国外公司就成为了华为的主要竞争对手。国外公司以及合资公司的资本实力非常雄厚,办事处大多数都设立在五星级酒店,而当时的华为租用的都是当地的民房。任正非认为:要与国外公司竞争,让客户相信你的实力,信任你的产品,提升公司的形象,就不能再在民房里做下去了。从1995年开始,华为公司要求所有办事处都从民房搬到当地的星级酒店。

在任正非看来,IT企业必须保持一个合理的高增长速度和较大的规模,他这样总结华为保持合理的成长速度的必要性:

没有合理的成长速度，就没有足够的利润来支撑企业的发展。我们的企业生存在信息社会里，由于信息网络的加速扩大，使得所有新产品和新技术的生命周期越来越短。不能赶紧抓住机会，获得规模效益，那么企业的发展就会越来越困难。没有全球范围的巨大服务网络，没有推动和支撑这种网络的规模化的管理体系，就不能获得足够利润来支撑它的存在和快速发展。

没有合理的成长速度，就没有足够的能力给员工提供更多的发展机会，也就不能吸引更多企业所需的优秀人才。马太效应适用于人才的发展，当我们企业有很好的经济效益时，就能有更多的支撑人才加入，有了更多的优秀人才进入华为。由于我们有较高的管理水平，就会使人才尽快地成长起来，创造更多的财富。以更多的财富支撑更多的人才来加入，使我们的企业管理更加优化。我们的企业就有了持续发展的基础。

任正非制定的成长最大化发展策略，能够让华为尽可能多地抓住机会。尽管华为在一定时期内损失了一些利润收入，但其获得的发展良机则不是仅仅能用利润来衡量的。这颇符合舍得之道，有舍才能有得。正是任正非的这种"舍得"，使得华为迅速成长，在许多方面都领先于竞争对手。华为以其健康、持续、良性的发展势头，在国际市场上得到了充分的认可，取得了越来越大的成就。

5. 迂回战术，避实就虚

中国革命成功的关键在于找到了一条正确的革命道路，把立足点由城市转向农村，在农村建立根据地，最后占领城市夺取全国胜利。由此可见，间接路线往往是最合理和最有效的战略形式。华为的市场营销战略是任正非基于这种迂回战略创建起来的。

就常规的战略而论，间接手段战略往往是最合理和最有效的战略形式。间接路线的战略也被任正非贯穿于华为打造和经营客户关系这条生命线的始终。在强敌林立的市场上，华为采用了避实就虚的迂回战术，避开了竞争对手的锋芒，迂回到对手的侧面或后面来攻击相对薄弱的部位。

1992年，华为自主研发出交换机及设备，准备全面投向市场。当时，作为通讯设备主战场的各省会城市已经是阿尔卡特、朗讯、北电等跨国公司的天下。面对严峻的市场现状，任正非巧妙地采用了"农村包围城市"的迂回战术，决定让华为从跨国公司无暇顾及的县级城市做起，逐步打开市场。当时，华为最锐利的武器是对突发性事件的快速反应和完美解决能力。可见华为掌握了迂回战术的实施精髓：在运用上关键是要注意步法的移动，要看准时机，然后快速移动步法，让对手措手不及。

任正非为华为量身打造的迂回战术还表现为放长线钓大鱼。

1999年，当时的山东省菏泽地区已是朗讯和西门子的天下。此时，华为的迂回战略发挥了巨大的作用。起初的两个月，华为打着解决老产品（如华为电源）问题的旗号，设法和客户接上头，绝口不提销售，有机会就向客户讲华为的企业文化和过往的华为人与事。到第三个月，菏泽电信局高层终于同意到深圳参观华为，此时华为依然绝口不提销售。从第四个月开始，华为分批将电信局中层到基层，总计50多人请到深圳参观。半年后，在菏泽新一轮的整网招标中，华为战胜了朗讯和西门子等国际通信巨头，取得了最后的胜利。

迂回战略有时是最直接、最便利的战略。1999年华为准备打入四川市场，当时四川的电信设备市场中上海贝尔的份额是90%。起初，华为主动将自己的接入网免费给客户使用，借此在四川各本地网都布点。随后，华为又将接入网的新增点抢了过来，并逐渐把点连成了面。

在运行的华为设备数量有了突破性进展后，华为又伺机将接入网的优势顺理成章地延伸到了交换机。最后，华为的交换机成为了和上海贝尔交换机并存的第二种制式，跻身于主流机型行列。随后经过发展，华为在四川新增市场上占有份额已经超过了70%。华为采取迂回战略循序渐进，一步步蚕食着有限的市场。

在对海外市场的开拓，任正非分析形势后还是决定让华为沿用在国内市场所采用的"农村包围城市"这种先易后难的战略。华为首先瞄准的是深圳的近邻香港，1996年，华为与长江实业旗下的和记电信合作，帮助和记电信在与对手的竞争中取得了差异化优势。随后，华为开始开拓发展中国家市场，重点放在当时市场规模相对较大的俄罗斯和南美地区的一些国家。华为的辛勤耕耘没有白费，2001年，华为在俄罗斯市场的销售额超过1亿美元。2003年，华为在独联体国家的销售额超过3亿美元。其后,华为在其他包括发达国家在内的地区全面拓展业务,包括泰国、新加坡、马来西亚等东南亚市场及中东、非洲等区域市场。

从这些案例中我们可以看出,对于国际市场的攻占上,任正非显然在"农村包围城市"道路的选择上颇费心思:欧美市场发展的成熟度较高,对运营商的要求非常严格,而且市场上还有国际通信巨头的把持,进入的门槛相对较高,难以渗透。而与欧美国家更多地注重产品质量与优质服务不同的是,发展中国家更看重的是产品的价格,买方有限的支付能力让华为的价格优势发挥得淋漓尽致。随着华为品牌的知名度在第三世界国家逐步增加,华为的影响力也逐渐从第三世界国家市场渗透到欧美高端市场。华为于2005年年底通过了英国电信耗时长且覆盖12个方面的认证体系,进入了英国电信"21世纪网络"的供应商短名单,成为了真正意义上的全球顶尖设备供应商。华为经过十几年的拼搏,终于完成从"农村向城市"的渗透,在全球化这场战役中取得了绝对的胜利。

在战略上,最漫长的迂回道路,却往往是到达目的地的捷径。任正非正是凭借这种迂回的间接路线战略,让华为经营出了令竞争对手为之佩服的客户关系,保证了客户关系的自然与牢固,又保证了企业团队的凝聚力和向心力。

用合资公司来固化客户关系是任正非的策略中最富争议的一招。华为创办的合资公司自诞生起就是个空壳,与通常意义的合资企业使命迥异。华为从来没有把产品特别是有技术含量的产品放进去,这些空壳企业的作用仅仅是签单走账。而当地运营商和政府投资合资公司的资金,甚至可以先由华为垫付,很明显,这样既促进了华为的销售,又疏通了与长期客户的关系。

在企业竞争的领域内,迂回战略的实质就是不去"硬打死拼",在某些时候不对竞争者和规定制定者做直接的强攻,因为这种硬拼从成本以及对资源的耗损来看都是无谓的,企业必须从一般认为不大可能的方向上使用出其不意的手段,最后使竞争者和规定制定者不得不接受。任正非的迂回战术有效地改变了市场的强弱对比,以弱势兵力攻克阵地,实现了以弱胜强、以小搏大、以轻举重,使得华为在强敌林立的市场上杀出一条血路,抢占了属于自己的市场份额。

6. 兵贵神速,领先方能制胜

《孙子兵法》有云:"兵贵神速。"领先方能制胜的思想也适用于商场中的攻伐。但在产品技术创新上的领先并不是越多越好,领先竞争对手半步是最佳的选择,而领先三步就可能在一段时间里缺乏市场。

任正非重视研发,强调技术的先进性,他认为对核心技术的掌握能力就是华为的生命。产品和技术晚一步,就意味着巨大的失败和压力,因此时刻关注技术发展潮流,牢记失败是成功之母和永远保持危机感是极为重要的。

在华为发展的前期,在技术研发领域主要是以跟踪开发为主,通过学习、借鉴别人已经成熟的技术,来实现节约产品成本的目的。

但随着企业的迅速发展,华为在技术上缩小了与国际先进水平的差距,在市场上又逐渐成为跨国公司的直接竞争对手,进而成为跨国公司封锁和打压的对象。为了打破跨国公司对高附加值高科技产品的垄断,任正非开始在华为实施"技术驱动"战略,在技术研发中坚持高起点,始终瞄准业内尖端、前沿、最有市场的产品,努力与国际跨国公司站在同一起跑线上。

正是任正非这种"领先方能制胜"的策略和时刻保持的危机感,使华为敲开了国际市场的大门。但华为最初的国际化道路并不平坦,尤其在2G上,华为的海外之路走得颇为吃力。因为当华为开始做产品的时候,国外的电信设备商们已经有了七年以上的成熟商用经验,与他们相比,华为的差距实在太大,追上的机会十分渺茫。于是,任正非将目光放在了领先的WCDMA和3G上。

华为在海外开通的第一个WCDMA商用项目是在阿联酋,这也是全球第一个R4商用项目。当时包括华为在内,一共有五家厂商在争夺这个项目。勤奋的华为人利用这一年的宝贵时间把自己的R4产品率先完善了起来,最后的技术测试结果显示华为产品的性能排在第一。拿下阿联酋的项目之后,华为的声威大振,又接连拿下了中国香港、马来西亚、毛里求斯等地的项目,从此奠定了在WCDMA上的江湖地位。

在欧洲市场,华为与荷兰移动运营商Telfort公司合作。这一合作标志着华为突破了由爱立信等通讯巨头把持的欧洲市场。"就3G而言,我们已经进入了欧洲的心脏。我们在和第一集团打仗,我们有实力跟它们玩一玩了。"对此,华为高级副总裁陈朝晖兴奋地表示。

2006年8月,华为获得了美国移动运营商Leap无线建设3G网络的合同,将承建该运营商覆盖美国加利福尼亚州、爱达荷州、内华达州等重要地区的CDMA3G网络。Leap执行副总裁兼技术总监

GlennUmetsu表示："Leap之所以选择华为，是因为它拥有领先的技术、高价值的解决方案以及为我们未来需求提供不断支持的能力。"截至2006年，华为在全球的CDMA网络服务用户超过4000万，并在全球签署了20个EV—DO商用合同。

但在产品技术领先问题上，华为也曾遭遇滑铁卢。1998年，华为在中国联通CDMA项目招标中落选了，对华为来说这无疑是当头棒喝。华为公司无线品牌管理部品牌经理李斌回忆，导致招标出局的原因是在产品选型上的判断失误。当时电信设备商关注的3G产品有两个版本，一个是IS95版，一个是2000版。华为公司认为，虽然IS95版性能相对稳定一些，但它只是过渡产品，最终还是要向2000版发展的，而且2000版还可以向下兼容IS95版。于是，崇尚技术完美的华为人抛开IS95版，一心一意研究2000版。而当时2000版的芯片才刚刚研究出来，性能等方面并不稳定，因此联通决定3G一期采用IS95版。正是因为双方的信息不对称，才导致了华为的此次败北。

痛定思痛后，任正非在反思中发现，失败的根源在于产品开发的思路错了。IT产业泡沫破灭的浪潮使世界损失了20万亿美元的财富，但从统计分析看，很多公司并不是因为技术不先进而倒闭的，恰恰相反，而是由于技术先进到客户还没有完全认识和认可，以至于没有市场。新技术的不断问世已经超越了人类的现实需求，有的公司在那些不被人们接受的超前技术上付出大量的成本，最终导致了破产。美国苹果公司走下坡路的一个重要原因就是因为在技术上孤芳自赏，不尊重市场规律。美国NEXGEN公司芯片开发能力不在Intel之下，但由于走了一条"关起门来搞技术"的路子，开发的芯片与Intel的不兼容，没有市场，而最终惨淡收场。这些血淋淋的案例正好说明了这一点。任正非由此得出结论：在产品技术创新上的领先并不是越多越好，领先竞争对手半步才是最佳的选择，而领先三步就可能在一段时间里缺乏市场。

对此,任正非说:"企业搞产品研发,不是搞发明创造,不是要破解哥德巴赫猜想,而是对产品的市场成功负责。"华为也因此改变了研发战略,从技术驱动转变为市场驱动,强调以新的技术手段实现客户需求。虽然华为公司仍然要瞄准世界顶尖技术,依然要建立一流的研发团队,但却坚持不研发"卖不掉的世界顶尖水平",坚持"培养工程商人而不是培养科学家"。任正非认为:"技术是用来卖钱的,卖出去的技术才有价值。"为避免研发人员只追求技术的新颖、先进而缺乏市场敏感,华为公司硬性规定,每年必须有5%的研发人员转做市场,同时有一定比例的市场人员转做研发。

为了适应研发战略的调整,2000年起,任正非在华为内部进行了集成产品开发的变革。这一耗费巨资的变革把以前由研发部门独立完成的产品开发,变成了跨部门的团队运作。任何立项的产品都要成立由市场、开发、服务、制造、财务、采购、质量等人员组成的团队,对产品整个开发过程进行管理和决策,确保产品推向市场就能够满足客户需要。通过服务、制造、财务、采购等流程后端部门的提前加入,在产品设计阶段,就充分考虑和体现可安装、可维护、可制造的需求,以及成本和投资回报。

研发调整战略给华为带来了明显的变化。有用户反映华为微蜂窝基站覆盖面窄,效果不好,于是华为立即为此组织团队,进行研发。他们把微蜂窝基站体积小、易安装的特点,与宏蜂窝基站功率大、好扩容的特点结合起来,半年后就开发出了新产品——微机站,产品一经推出就受到市场追捧,仅一年的时间全球销量就达2万套,销售额近15亿元人民币。华为研发战略的应需而变,体现了它强大的适应能力,为它适应竞争残酷的海外市场,并从与跨国巨头的激烈竞争中脱颖而出奠定了坚实的基础。

从最初的盲目追求领先，到后来的领先对手半步的研发决策，在决策的制定上任正非走过弯路，但最终他找到了一条真正适合华为发展的道路：只有顺应客户需求而进行的研发，才能直接与企业利润挂钩。

7. 合作双赢，化敌为友

现代商战中，每个企业都是一个独立的利益团体，其对竞争对手或其他团体采用的"外交"策略也会以自己的利益目标为转移，正所谓"没有永远的朋友和敌人，只有永远的利益"。在华为的市场攻伐战中，该理念成为其行动的指导思想，华为人利用其不断完成自己的市场攻伐计划。

比如2006年8月初，华为同摩托罗达成合作协议，双方将共同开发和销售UMTS、HSPA无线网络设备，并于年底在上海成立一家3G联合研发中心。

摩托罗拉是国际电信业的老牌公司，昔日与华为的竞争势头堪称激烈。那么，任正非为什么要同这位对手走得如此亲密？原因显而易见。在今天的全球市场上，诸侯林立相互混战的时代已经过去，严峻的现实正使通信设备生产商们联合起来，寻求更长远的共同利益。面对着来势汹汹的业界整合浪潮，任正非正是要通过与老牌电信公司联合的办法缓解压力。

不过，对于华为来说，与摩托罗拉合作最重要的目标，还是进攻北美市场。众所周知，欧洲和北美是全球最重要的两大3G高端市场。之前，华为已经在欧洲取得了突破，成功打入欧洲市场，因此进军北美市场就成为眼下华为最重要的一件大事。2006年年初，华为曾试图和加拿大北电公司合作，希望通过迂回战略进入北美，但最终合作不了了之。这次能够与摩托罗拉合作，无疑为华为开拓北美市场提供了一个较好的渠道。而对摩托罗拉来说，美国朗讯科技公司与法国电信设备供应商阿尔卡特合并后，其在北美市场的份额也正受到威胁，与华为的合作将大大强化其抗衡"阿朗"的实力。

其实，任正非的这一招在其开办合资公司时就已经运用。铁道通信局曾经与华为唱对台戏，华为很难打进去。后来，通过努力，华为出资与铁道部下属的27家通信厂合办了北方华为，1998年，北方华为的销售额达到2.9亿元，而华为的投资才300万元。

正是在此种思想的指导下，华为先后同3Com、西门子、NEC、松下、英特尔、摩托罗拉、朗讯、IBM等十多家曾经的竞争对手开展多方面的研发与市场合作。华为因此不断确立了其在国内国际市场中的地位。

其实，不只华为，国内外许多企业在攻占市场时都采用过这种变敌为友的策略。

商业史上就曾有这样一件让人津津乐道的事：在西方许多家庭的餐桌上，习惯于同时摆上美国"水晶杯"公司和"细瓷"公司生产的水晶玻璃高脚杯和细瓷餐具，它们都是高档的名牌餐具。过去，这两家公司因为是竞争对手，关系一直不好。可后来它们经过协商，决定联合推销产品。"水晶杯"公司利用"细瓷"餐具在日本市场的信誉，通过联合销售，将其产品打入了日本等国；而"细瓷"

公司则利用"水晶杯"50%的产品销往美国的优势,使自己的餐具摆上了美国家庭与饭店的餐桌。结果,联合推销使双方受益,两家的销售额均大幅提高。

当然,这种合作是在竞争之上的,竞争意识绝不能松懈,否则就会给对手很大的可乘之机,甚至会被对方一步步兼并。不过,华为绝不会因挑战而放弃机会。在任正非看来,企业要想生存就必须学会在与对手竞争中共享市场、在市场共享中开展竞争,而这恰是国际型企业未来发展的一种趋势。

面对敌人,要不屈不挠、决不退缩。但任正非明智地选择了另一种方式:站到敌人的身边去,把敌人变成自己的朋友,通过合作达到双赢。此种作法反映出他长远的战略目光。

第十章

扬帆出海，踏上国际化征途

1. 海外市场拒绝机会主义

任正非说："海外市场拒绝机会主义"。经过几年在海外市场上的探索，任正非认识到，即使在发展中国家的市场，建立品牌口碑也需要一个相当漫长的过程。但是既然华为踏上了国际化的征途，就要积极进行革新，逐步转型为一个名副其实的国际性企业。

华为在2006年销售额达到了656亿元人民币（约合84.5亿美元），其中海外销售已经超过了65%。华为也逐渐以新形象出现在国际市场。经过8年的海外市场打拼，通过不断革新，华为逐渐彰显出大企业的气魄。

1996年，华为将业务拓展到香港，与李嘉诚长江实业集团旗下的和记公司合作，利用价格优势和提供灵活的业务服务，取得了一定成绩，积累了一些新的经验。紧接着，华为加紧海外扩张的步伐,向俄罗斯和南美进军。

从2000年开始,华为大规模地向海外派驻人员,逐步将营销骨干调往海外。原华北地区总经理兼北京处代表丁绍华被派往沙特,原广州代表处代表徐展被派往美国,原新网市场部总经理曹松洁被派往南非,等等。

2001年,华为逐渐在海外建立销售机构。在拓展独联体、马来西亚等东南亚市场以及非洲、中东、南美市场等发展中国家的市场时,以往的经验还可以沿用,但一到发达国家市场就不行了。

任正非告诫华为人:"我们的游击作风还未褪尽,而国际化的管理系统尚未建立,员工的职业化水平还很低,我们还完全不具备在国际市场上驰骋的能力,我们的帆船一驶出大洋,就发现了问题。我们远不如朗讯、摩托罗拉、阿尔卡特、诺基亚、思科、爱立信那样有国际工作经验。我们在国外更应向竞争对手学习,把他们作为我们的老师。"

华为开始了艰难的革新过程。它积极向西方先进企业学习,不仅实现了市场、制造、研发与国际接轨,而且逐渐实现了管理水平和资本运作的国际化。

经过艰苦卓绝的努力,华为的国际化水平有了很大的提高。华为与美国高通、爱立信、诺基亚等国际知名企业签订3G专利许可授权协议,与NEC、松下、西门子、赛门铁克等成立了合资公司。华为逐渐赢得了"巨人们"的好感,在"城市"站稳了脚跟。

在转向"城市"后,华为的地位也在逐年提升,2005年首次进入前十位,规模位居全球电信设备供应商的第八位。

　　20世纪80年代,中国企业刚刚起步,根本无法与"百年老店"的西方企业相抗衡,只能在夹缝中生存,依靠中国廉价的劳动力,以低廉的价格逐渐站稳了脚跟。这是求生的需要。

　　华为创立之初,也走了一条这样的道路,在自家的地盘上,画地为牢,以守为攻,紧紧抓住已有的市场,让"敌人"插翅难飞。阻止新竞争者进入,利用产品组合优势封杀对手的进攻机会。在对手的地盘上,猛烈进攻,千方百计发动价格战,以一切手段打击对手的利润和销售目标,阻挠其市场进展,逐步挤占空间,最后取而代之。

　　随着中国经济的迅猛发展,同行业企业间的市场竞争也日益激烈,各大厂家纷纷打出"价格牌",拼命相互压价,互相诋毁,结果是"鹬蚌相争,渔翁得利",让外国厂商捡了大便宜,而削弱了自己的实力。华为和中兴两大冤家的恶性价格战,带来的是双方元气大伤。

　　价格战就相当于自杀式武器,可以拖垮资金链薄弱的企业,而且低廉的价格给人的印象永远是低劣的质量,对企业的形象也很不利。随着华为国际化深入发展,任正非发现对价格不敏感的欧美市场更看重质量和服务。以前华为惯用的手段已经被同行赶上,价格战再继续下去对企业生存将是严重威胁。

　　任正非审时度势,确立了在什么情况下打价格战。他给华为确定的原则是:"产品、客户关系、品牌无明显差异,市场能力弱;降低竞争对手利润,扼杀'野草'长出;集中资源,把有限财力投向有价值市场;技术上有重大创新或变革,不惜以自我淘汰方式强迫产业进步,等等。单纯打击对手不是最好的选择,通过竞争建立持久的优势,极力避免竞争的破坏性才是上策。"

　　华为在海外一路凯歌高奏,认识到打价格牌不是企业发展的长久之计,任正非提出学习晋商,海外不再打价格牌。一百多年前,晋商的代表乔志庸以义为本,信达天下,创立了中国第一票号——汇通天下。2006年任正非在视察欧洲市场之时,给员工开讲晋商,"何以日升昌? 讲道义,重诚信!"借以提醒海外员工,要谨记"以客户为本,以诚信为本"。

标志转变意味着企业形象与策略的变化。2001年,联想确立了"高科技服务、国际化"的战略目标,试图改变以前的"科工贸"形象。经过两年的调整,2003年联想以启用新标志"lenovo"为契机,发起了一场品牌再造运动,成功地重塑了企业形象。

2006年"五一黄金周"刚过,华为把使用了18年的公司标志进行更换。这个新标志与原来最大的不同是:"HUAWEI"的英文字体做了调整,更加符合图形化的LOGO标准;把象征华为的"贝壳"变成了菊花的形状,原来的15根如"太阳升"射出的光柱变成了8片美丽的花瓣。与旧的商标相比,新的LOGO显得更饱满,充满了活力。

华为换新标志是建立新的品牌形象的关键步骤。这也是企业国际化策略的一个重要组成部分之一。华为努力淡化了本土化色彩,重塑积极进取、蓬勃向上的健康新形象。

现在,华为的竞争力已不是低廉的价格。"在马来西亚、荷兰,和其他国际上的3G项目,我们赢得了投标并且价格并非最低。"华为高级副总裁邓涛说道。"该放手就放手",任正非主动放弃价格牌,转而注重质量和信誉,加快了华为拓展海外市场的步伐。华为也逐渐摆脱了二流产品的形象,为塑造国际化新形象做了准备。

2. 像野草一样登陆法国市场

在法国巴黎风景秀丽的郊区布洛尼——比扬古市,坐落着两栋醒目的全玻璃幕墙高楼,一件两米多高的巨大马赛奥林匹克足球队的队服从二楼一直悬挂到前台的上方,球衣上非常醒目地印着NEUF的字样。这里就是法国电信运营商NEUF的总部。

可就在几年前,NEUF还是法国一家不知名的小企业,而它之所以有今天的成就,离不开一个神秘的东方企业,它就是华为。

2001年2月,当时还叫"LDCOM"的NEUF公司正准备在法国全境建设一个骨干光传输网络。在LDCOM成立后的三年中,它的业务只是向电信运营商做些光纤的基础网络批发。可是LDCOM看准了当时欧洲电信市场正经历着一场改革,这是一个很好的发展机会。1996年,美国颁布了《电信改革法案》,首先放开了电信运营市场。随后几年,欧洲各国也纷纷放开了本国的电信市场。

在这样的改革潮流下,伴随着IP等新技术的冲击,一些老牌的电信运营商由于负担较重,不能适应新技术的发展,纷纷陷入了困境。而那些新成立的中小型企业由于能够更灵活地采用更先进的技术和有着灵敏的市场反应,反而没有什么负担,因此脱颖而出。NEUF就是这样的一家公司,它制定的产品计划就是:用户每个月只需支付30欧元就可以享受160个数字频道的电视节目、互联网接入服务和传统的电话语音服务"三位一体"的超值享受。

NEUF为了建设这个全新的传输网络,必须选择一个合适的供应商进行合作,它预先圈定了几家符合条件的企业。NEUF当时的总裁米歇尔·保兰说道"老实说,开始并没有华为……但是,一个电话改变了这一切。"电话是一家与NEUF颇有渊源的法国本地的代理商打来的,说中国的华为公司可能是最好的选择。

当时NEUF上下几乎没有知道华为的。正如米歇尔·保兰所说:"一开始我们对华为并没有把握,只是由于这家代理商的竭力推荐,我们才同意让这家从来没有听说过的中国公司试一试。"

任正非认为这是一次绝好机会,于是开出了非常具有诱惑力的条件——以非常优惠的价格为NEUF建设两个城市的网络,并负责运营三个月,然后再交给NEUF进行评估。最终,NEUF被华为开出的条件吸引住了,它给了华为一线机会。任正非就是这样一个人,只要有一根蛛丝垂下来,他也会顺着这根丝爬上去。

在短短不到三个月的时间里,华为就建成了两个城市的网络,这种速度令NEUF非常惊讶。经过效果评估,结果也非常令人满意,NEUF的疑虑终于一点点地消除了。在随后的几年时间里,NEUF把整个法国光网络传输合同都给了华为。

在谈论与华为的合作时,米歇尔·保兰无不兴奋地说:"(与华为合作)为我们节约了至少10%的投资……而且我们获得了想要的速度。"

要知道,几年前所有的市场都是法国电信的,而现在我们已经成了它最大的竞争对手。为什么?无非是我们动作更快一些,更冒险一些;当然,我们的价格也比法国电信便宜一些。因为我们用的是中国的设备。

与NEUF的合作可以说是华为公司在欧洲拿到的第一个规模较大的订单。虽然在此之前,华为的光网络产品已经进入德国市场,但是华为始终没有在德国实现大的突破。华为特别珍惜这次来之不易的机会,而对法国也产生了特别的感情,对华为来说,法国就好像是欧洲的中国。华为法国公司总经理温群说:"法国人就是欧洲的中国人,他们也爱好美食,也特别讲朋友关系。"所以,在与NEUF合作后,温群对法国这个国度的热爱之情油然而生。他接任法国部总经理后,经常利用下班之后的时间与客户打成一片,这种精神感动了越来越多欧洲人。可以说,无意之间,华为在欧洲选择了一个和中国最为相近的市场。

登陆法国市场、突破NEUF的过程,充分体现了任正非及华为人为达目的不惜一切代价的精神。这种精神使得华为像野草一样,不管在什么样的情况下,总能找到破土而出的机会。

当年刚进入西欧市场的华为根本没有能力直接接触到哪怕是最小的电信运营商,一位华为的老员工回忆道:"自己去谈几次也不见得能见到人家的高层主管。"但华为公司最终寻找到了代理商这个突破口,NEUF接到的那个电话正是代理商打的。

其实,在与NEUF合作之前,华为利用代理商与运营商搭关系的方法就开始使用。

法国阿尔斯通公司是一家系统集成商,经常会承揽一些电信的集成项目。作为总包它也需要寻找一些性价比较高的设备商进行合作。华为为了能与阿尔斯通合作,于是找到了一家很有影响力的代理商,通过它接触上了阿尔斯通。而那时候阿尔斯通正好接了一个非电信核心业务的城域网项目,但是这个项目不是在法国而是在东欧的捷克。当时的阿尔斯通公司正苦于找不到价格较合适的设备商,抱着疑虑与华为开展了第一次合作。这次合作的结果非常圆满，从此以后华为在法国开始有了一些小名气。然后，同样也是通过代理商，华为找到了当时规模尚小的LDCOM，做成了一笔更大的生意。

如果我们把华为比作野草，那是再恰当不过的了。野草给我们的感觉不仅仅是平凡与普通，更代表一种对生命的执着与不屈不挠的精神。野草的绿色也诠释了一种生命的力量与希望。它正像华为公司及其总裁任正非，无论什么力量都无法阻止它的成长，它是中国人的希望。

生命最大的意义莫过于寻求生存的欲望。中国的企业家只有像任正非一样，坚定自己的信念，坚持实事求是的态度，解决好内部管理的问题，发挥自己的优势，才能走出国门，成为国际化大企业。

3. 与"英国豪门"携手合作

在伦敦西南50英里之外的Basingstoke小镇上，一位穿着白衬衫、打着领带、一丝不苟的英国看门老人急切地问道，"您是从华为来的吗？能否帮我介绍一下这家公司？我以前从来没有听说过这家中国企业，如今它却要租下我们整整一栋楼！"

在Basingstoke小镇上有一栋"凹"型的三层楼房，一年前建成的，一直空荡荡的。华为租下了这栋6800平方米的大楼的一半面积，而且还要准备拿下剩下的另一半。2006年年初，华为在英国的大部分员工将会搬到这里，结束华为欧洲总部、欧洲技术支援和培训中心以及英国分公司分居一隅的历史。华为人在经历了五年的奋战之后，终于建成了自己的根据地。

华为英国队伍中唯一不准备搬过来的人马，此时正在伊普斯维奇。他们正在和英国电信(BT)的技术人员进行紧张的联合实验，以便早日推出"21世纪网络"。这是一个为期五年、总投资额高达100亿英镑的大项目！

然而，华为刚开始接触英国电信时并非一帆风顺，而是遭到了冷遇，英国人根本不相信中国人能制造出高质量的交换机，华为连参加招标的机会都没有。后来，华为人终于知道了BT的规矩：要参加投标必须先经过它们的认证，它们招标的对象都是自己掌握的短名单里的成员。

要成为一流的设备商，就要拿下一流的运营商，在全球电信运营商中排名第九的BT就是名副其实的"大T"。它有严格的市场准入门槛，即使许多西方电信设备巨头也不敢掉以轻心。要成为BT供应商，必须通过BT的供应商认证，需要经过严格的程序考核，此认证耗时长，覆盖多达12个方面的内容。

为此，华为成立了由孙亚芳为总指挥、常务副总裁费敏总负责的BT认证筹备工作小组，涵盖销售、市场、供应链、人力资源、财务等诸多部门，开始进入"紧急备考"状态。

2003年11月，BT采购认证团来到华为，对华为进行了为期四天的严格"体检"。这次考核，技术不是首要考虑的，管理体系、质量控制体系、环境体系等才是最重要的，要保障华为对客户交付的产品的可预测性和可复制性。BT的考核还包括对华为合作伙伴的运营和信用的考核，对华为的供应商的资信审核，甚至还包括对华为的人权（诸如华为给员工提供的食堂、宿舍等生活条件等）状况的考核。在国际一流水准的专家们面前,华为很多漏洞暴露无遗。

BT的专家问道:"在座的哪位能告诉我,从端到端全流程的角度看,影响华为高质量将产品和服务交付给客户的,排在最前面的五个需要解决的问题是什么?"在场的华为所有专家都目瞪口呆了。

BT的专家在考察华为的ISC的时候,提出了一个问题:"华为如何保证产品的及时交付?"回答是:"我们有非常严格的产品出货率指标进行考核。"专家很不客气地指出,对于客户来说,关心的是你的及时到货率。

专家进一步指出:华为还没有针对BT明确的商业计划,除市场人员外,其他部门的员工还不清楚BT对供应商的基本要求,也就不可能为BT提供具有针对性的支持和服务。

一些小插曲更是让华为感到尴尬。在BT专家视察的过程中,生产现场的一位开发人员没有采用任何静电防护措施,就肆无忌惮地从正在调试的机架上硬邦邦地拔出一块电路板,揣在腋下扬长而去;从没料到会出问题的厂房中,偏偏有一摊不知道从哪里来的水迹……

经过四天的考察,BT专家分十几个单元给华为打了分,每一个单元满分七分。除了在基础设施上得到了六分的高分之外,其他硬件指标也得到了较高的分数,但是在业务的整体交付能力等软性指标上,却严重不及格。这让任正非深刻领会到,企业组织的可复制能力与可预测性、体现在一系列流程和内外环境中的模式化力量,已经成为现代规模管理的基础,华为必须跨越这个门槛。

在离开华为之前,BT专家留下了一句意味深长的话:"希望华为能成为进步最快的公司。"这句包含着绅士风度的批评,极大地刺激了华为人。

　　华为决心走向国际化,决心得到大T的认可。华为花了两年多的时间,耗费了数以亿计的资金学习大T。经过艰难的学习,华为进入了英国电信"21世纪网络"确定的"八家短名单"。

　　崔俊海是华为欧洲投标部的主管,他1998年加入华为,1999年进入国际投标部。几年来在全球各地一共投了多少个标,连他自己也记不清楚了。"但是BT这个标,今后是怎么也不会忘记的。"他这样说道。

　　2004年6月,BT的"21世纪网络"第一次发标。数百家大大小小的供应商参加了投标,那场景如同一场盛会。作为上任后的第一个项目,崔俊海最近一年与BT算是老朋友了,光报价就来来回回五六轮。

　　经过艰苦的努力,华为凭借自身的实力,终于在2005年4月拿到了BT交来的"金钥匙",正式入选"21世纪网络"的优先供应商名单。2005年12月23日,华为与英国电信签署正式供货合同,"豪门俱乐部"的大门向华为敞开了。

　　一位华为高层说,"这已经不仅仅是为了英国电信。而是为了真正接近世界级电信设备商的管理水平。今后都是硬碰硬的较量,取巧不得。所以,华为被认证的过程其实比认证的最终结果对我们更有意义。"

　　进入BT的短名单带来的不仅仅是未来在BT身上的收益,很多连带的效益在拿到"豪门俱乐部"入场券的时候就已经产生了。2005年11月21日,固网老大沃达丰给华为送来了"丰盛的午餐"。

　　得到英国电信和沃达丰这样的"大T"(这里指的是全球顶级运营商)认同,意味着华为已经拿到了进入欧洲主流市场的通行证。它是华为向世界级企业迈进的关键一步,为华为跻身于世界"巨无霸"

的行列创造了条件。

2001年之前,对于欧洲市场华为仅仅处于熟悉的阶段,还谈不上做生意。邓涛等人近似走马观花的"逛",最大的收获不是卖出了多少设备,而是不断地摸索,让华为对欧洲市场有了总体的概念,对每个国家的特点有了新的认识。

"不经历风雨怎能见彩虹,没有人随随便便就成功。"任正非由于能够清楚认识自己的不足,并不断提高自己的标准才能与英国豪门握手合作,并最终在欧洲站稳脚跟,获得了世界豪门的入场券。

4. 征战荷兰:诚信与速度

华为在欧洲战场的荷兰一役中,充分体现了一个高素质企业的诚信与速度。

陈海军是华为欧洲26家分支机构的总经理中唯一持外籍护照的华人。华为公司在荷兰的征程是从与该国电信公司Telfor的合作开始的。当时的Telfort公司在荷兰还没有什么名气,但对于华为来说,任何机会都是它必须珍惜的。2004年6月,陈海军通过荷兰邮政电信部门的熟人第一次与Telfort接触。在几轮的交流中,他发现Telfort早在2000年7月就拿到3G牌照,但因各种原因却一直没有开展3G服务,不禁暗自大喜。他把这个情况马上向总部汇报,不出一个月,华为就派了技术小组上门和Telfort进行了第一次3G业务的交流。随后两个月，重视商业速度的华为公司马上与Telfort共同制订了3G的商业计划。第四个月，华为就正式向Telfort提交了一套分布式基站方案，这份方案可以说是为Telfort量身定做。

通过与Telfort的多次交流，华为人很快找到了Telfort迟迟不上3G的症结所在。原来，Telfort公司是担心自己的研发实力不足，所以才迟迟没有开展有针对性的3G应用。而且荷兰是欧洲人口密度最大的国家之一，非常注重环保，要安装新的基站和射频设备必须经过所在建筑业主的同意，这使得需要支付的费用甚至比设备本身的价值都要多得多。最致命的是，在荷兰这样一个发达国家，移动业务的竞争相当激烈，在这个只有1600万人口的小国里，竟然盘踞着五家移动运营商。除实力最弱的Telfort外，其余4家分别是沃达丰、Orange（法国电信下属公司）、T-Mobile（德国电信下属公司）以及KPN（荷兰第一大电信公司）。这四家都是世界级的大公司，有自己的研发中心，并且正从技术和商业的各个角度研究如何提供3G服务，而沃达丰和KPN甚至已经开通了基于R99版本的3G服务。

这时候，任正非向荷兰人展示了一个诚信企业的魄力，即以诚意让Telfort相信，它们的合作可以换来对这些问题的解决。首先，华为与Telfort合作成立了一个移动创新中心，该中心的职责是专门研究适合在荷兰市场推出的移动服务项目。其次，华为根据原来小基站方案的优缺点，提出了分布式基站新的解决方案。华为将基站分为BBU（基带处理单元）和RRU（远端射频单元）两个分离部分。两个部分可以直接安装到运营商原来的机柜中或者安装到靠近天线的抱杆或者墙面上。这样一来，Telefort有90%以上的站点都可以利用原有的站点，比起TCO常规方案既非常环保，又节省了一大笔成本。

在阅读完分布式基站解决方案后，Telfort公司CEO VandeWiel

非常满意地说："我们就是看中了华为的这两点。"他被华为全力以赴的诚心打动了，并亲自去考察了华为深圳总部以及华为在阿联酋的3G项目，对华为有了很好的印象。

事后，Wiel向媒体透露说："大家都以为华为在这个项目上是靠低价取胜的，其实不是这样的，我们关键是看中了华为对合同执行的承诺和快速的反应能力。至于价格，我可以实话实说，华为不是最低的。"

结果，任正非成功了，华为与Telfort合作做成了全球第一个商用HSDPA项目。2005年6月，首次HSDPA的商用演示比预想的还要成功。这次演示采用了内置高通芯片的华为HSDPA商用数据卡，通过笔记本电脑点播高清晰度的视频节目，下载速率高达1.4Mbps。采用华为技术的HSDPA商用数据卡下载节目的画质与UMTS技术下载的相比，效果就像是DVD与VCD，这给当地居民带来的方便是可想而知的。在此基础上，Telfort希望与华为进一步合作，要于2005年第四季度在荷兰部分地区提供HSDPA商用服务。Wiel不无得意地说："到时候我儿子就可以用它来和全世界的玩家一起玩多媒体游戏了。"

在达成进一步合作协议后不久，华为的各种设备随即陆续抵达华为荷兰公司，与Telfort公司总部大厦紧挨着，旁边就是著名的欧洲足球豪门阿贾克斯队的主场阿雷纳(Arena)球场，这里也是全球高科技企业聚集之地。可现在，华为成了这里的主人，人们可以看到一个接一个的集装箱堆满在华为楼下广场，当地的居民与Telfort公司的员工不禁感到惊诧，他们在对华为的设备产生好奇的同时，更对其神速赞叹不已。

然而，华为在荷兰的征程才刚刚开始，还有更大的机会在向它招手。2005年6月29日，荷兰最大的移动以及固网运营商、世界500强企业、全球运营商排名第16位的荷兰皇家电信（KPN的TelecomN. V.）宣布支付11.2亿欧元收购Telfort。这件事引起了KPN的担忧，因为一直以来，KPN的3G网络都是由爱立信负责建设的，但它的整个技术架构已经有些过时。所以，华为就获得了向KPN推销自己全线产品的绝佳机会。

其实，华为在KPN那里已经有了一个不错的印象，因为它跟华为已经做过一笔不小的买卖。2005年6月7日，华为就与KPN签订了合同，成为了KPN荷兰全国骨干传输网的唯一供应商，这个项目包括骨干网和接入网，范围覆盖荷兰全国各大城市。这一次，华为是在击败了阿尔卡特和朗讯这两家在光传输领域世界领先公司的基础上获得的，因此在自信心上获得了不少的鼓励。

陈海军说："我们一开始的目标只是进入供应商行列，具体能拿多少份额并没有在意……当听说三家之中只有一家胜利者的时候，我们甚至有些担心。"由于华为拥有铁一样的承诺、风一样的速度，这种综合实力促使它成为了行业内全球先进企业。当KPN同时向三家企业发出要求，让三家企业把设备运到KPN的实验室进行测试之后，华为的设备从中国运到荷兰海牙，竟然比欧洲大陆的阿尔卡特的设备还先到。华为有如此迅捷的商业速度，难道还不能如愿以偿地独享这份大餐吗？

一位华为员工自豪地说："在荷兰，我们和移动的老大（爱立信）以及固网的老大（阿尔卡特）都干过，结果都赢了。"近代名人吕鹏搏有句话说："凡人立于天地间，遇事必当之以'诚'，而后人始信其为人，乃得有为人之价值。尚诈术者，何能立名建业。"这句话于企业也一样适用。

5. 进军俄罗斯:国际版"农村包围城市"

从1994—1997年,经历了三年的酝酿,华为终于开始进军俄罗斯市场。

俄罗斯位于北极圈附近,气候条件严酷且单调,常常是冰天雪地。这一次华为人彻底见识了俄罗斯的天寒地冻。

那时的华为与世界电信设备巨头相比还只能算是小学生。当时俄罗斯刚刚经历了经济动荡,整个市场显得一片萧条。但是"饿死的骆驼比马大",俄罗斯从内心里不信任中国企业,不看好华为。

在俄罗斯,华为人有时候长达半年都找不到客户。徐直军和另外几名高管于1996年一起去俄罗斯,希望能见到客户,以便推广产品。但是他们在那里待了两周,连客户的影子都找不到。

当时一名负责软件业务的俄罗斯某大型企业负责人见徐直军说的第一句话就是:"俄罗斯根本不会用任何新的交换机,所以不可能与华为合作"。

1996年6月,中国假冒伪劣商品充斥俄罗斯。就在此时,第八届莫斯科国际通信展开幕了,任正非亲自来到俄罗斯参加展会,可是华为的周密计划在此时也无济于事。负责展会的朱建萍说,那时莫斯科大街上几乎所有的商店门口都竖着一个牌子:"本店不出售中国货"。一听说是中国的公司,展台前的客户就纷纷离去。

1998年俄罗斯发生了金融危机,整个电信业几乎都停滞了。独联体地区部现任总裁李杰就是这时候来到俄罗斯的。他对《中国电子报》的记者描述过当时的情景:"有在打官司的,有在清理货物的,官员们走马灯似的在眼前晃来晃去。我不光失去了嗅觉，甚至视线也开始模糊了。于是，我不得不等待，由一匹狼变成了一头冬眠的北极熊。"直到1999年，华为在俄罗斯市场还是一无所获。

在其后不久的日内瓦世界电信大会上，任正非让李杰立下了军令状，他说："李杰，如果有一天俄罗斯市场恢复了，而华为却被挡在门外，你就从这个楼上跳下去吧。"

不久以后俄罗斯市场开始慢慢复苏。李杰也从"冬眠"中苏醒过来，他开始积极投入力量，组建当地的营销队伍，深入到俄罗斯的各个地区，以此为基础形成了合资企业贝托华为目前的营销网络；并结识了一批运营商的管理层，建立起相互的信任关系，形成了一批客户群。

华为经过七年的"蛰伏"，七年的顽强争取，从第一张只有12美元的订单，到2001年签订上万美元的大单，漫长的"极夜"终于过去，"冰雪"开始融化。2002年，华为又取得了从彼得堡到莫斯科3797千米国家光传输干线的订单。华为在俄罗斯打出了一片天地。

从1996年开始华为人离别故土、告别亲人，陆续奔赴海外，不论是在疾病肆虐的非洲，还是在硝烟未散的伊拉克；不论是海啸过后的印尼，还是地震灾区的阿尔及利亚，都留下了华为人奋斗的身影。

许多国际大公司重视欧美等发达国家的市场，因为那里的环境、条件等各方面都很优越。对于落后的亚、非、拉则不屑一顾。华为迅速捕捉这个机会，乘机捡起这些"剩下的果实"，开始进入"农村"。这些新兴市场电话普及率低，进入门槛低，容易打开局面。

这些国家并不了解中国的技术，对于中国的公司更是持怀疑的态度。许多人不相信中国拥有自己的技术，还有人诧异地问："这真的是中国人自己生产的产品吗？"他们怀疑这是发达国家的技术，只是在中国加工生产的。

　　另外还有埃塞俄比亚、伊拉克、巴西等国家长期以来都依赖西方技术,不愿意采用中国的通信设备。但是华为的销售人员丝毫不敢懈怠,不错过任何一次电信运营商的项目招标,但是投标的结果往往是以失败告终。华为在市场上屡屡碰壁,再加上文化背景、生活习惯等方面的巨大差异,摆在华为面前的课题苦难重重。华为人只能屡战屡败、屡败屡战,直到打破零的纪录。

　　在此期间,华为人遭受了无数的白眼和冷遇。当时负责开拓非洲市场的邓涛讲:"刚到非洲,面对25个国家、4.5亿人口、地盘差不多是中国两倍的一个陌生市场,没有人知道华为公司,甚至都不太了解中国,一切都要从零开始。"

　　华为人在失败的经验中寻找规律,开始首先选择出重点市场,进行逐个突破。他们先后在埃塞俄比亚、南非、沙特、巴西等市场找到了突破点,然后再由点变成线,由线变成面。利用这个策略,华为终于实现大规模的全线胜利。

　　1997年华为打入了非洲市场,为他们带来了质高价廉的产品。2006年,华为在毛里求斯承建了非洲第一个3G商用局;2005年,在尼日利亚承建了南部非洲最长的国内传输网。在此之后,华为在南部非洲的销售额很快就突破了10亿美元。十年之间,华为的产品几乎已经覆盖了整个南部非洲。

　　在亚太,华为成为该区域主流供应商之一,华为的产品在印度、印尼、泰国、孟加拉、柬埔寨和尼泊尔等国被得到广泛应用。

　　华为在南美市场上也取得了决定性的胜利。2004年2月,华为成功获得巴西最大的数据和长途运营商Embratel的下一代网络项目,一举签订超过700万美元的合同。2005年6月,华为技术在阿根廷成功实现商业运营。

2006年华为在北非战绩辉煌,在西亚旗开得胜,在南美进展神速。经过一番折腾,华为建立了根据地,然后对发达国家市场形成层层包围,为最后进入高端市场准备了条件。

中国企业走向世界的旅程举步维艰,因为最初华为的公司规模很难与世界级的巨头正面抗衡。它们有长期的积累,拥有几百年发展形成的工业基础和产业环境,有深厚的商业底蕴和夯实的人力资源、社会基础,有一流的技术人才和研发体系,有雄厚的资本和知名品牌,有扎实的市场地位和客户基础,有世界级的管理体系和运营经验。

走出国门,放眼望去,华为人才发现:"当我们走出国门拓展国际市场时,放眼一望,所能看得到的良田沃土早已被西方公司抢占一空。只有抓住那些偏远、动乱、自然环境恶劣的地区,我们才有一线机会。"

因此,只能走迂回的间接路线,先在经济不发达的地区发展,韬光养晦,等力量强大了再与之竞争。正如毛泽东曾经在第一次国内革命战争时提出的战略思想,华为也走了一条农村包围城市的道路。经过一番艰苦卓绝地开拓,华为建立了一片自己的根据地。

6. 闯荡美国:挫折不一定是坏事

对于任正非来说,他虽然让华为公司已经成为了国际化大企业,产品远销亚太、中东、非洲、欧洲、北美,但他非常明白,华为与世界一流电信设备企业还有一定的距离，华为要走的路依然很遥远。其实，一直到现在为止，北美市场仍然是任正非的一个心病。

正如许多想进入美国市场的新兴企业一样，华为刚来到这个世界工厂、全球最富裕的地方时，显得很是水土不服。开始的时候，它试图采用狠打狠拼的方式，靠自己的力量进入美国市场，而不是像世界许多知名企业那样，与当地的企业合作。然而，现实远比想象的复杂。在世界其他市场，华为以自己的科技优势和低价竞争策略赢得了不少订单，但这一手段在北美却无法奏效。

2001年，当华为的业务在美国得克萨斯州普莱诺起步时，它试图尽可能地融入当地的环境中。华为人与律师事务所、房地产经纪商共用一座办公楼，这座楼里甚至还设有女式内衣公司Victoria'soSecret的地区办事处。在华为美国公司的一楼接待大厅里，一面得克萨斯州州旗和一位美国接待员在共同迎接访客。

然而，美国之旅远比任正非想象的艰难，美国人甚至很难准确念出华为公司名字的读音。比如华为在普莱诺的新房东就一直将公司的名称念为hoo—way，甚至是公司的一些美国员工对"华为"的发音也千奇百怪。因此，华为决定为美国的新公司另取一个名字，并选定了"Futurewei"这个词，然而新取的词被接纳程度并不高。

另外，由于美国各地口音的差别，也使从中国派来的华为人与当地人的交流存在困难。负责华为北美研究和工程业务的林海波承认："得克萨斯人所讲口语中一些单词的意思，与我们在中国学英语时所了解的含义完全不同。"

除了语言交流上的困难外，华为与美国人习惯的公司体制、价值观标准等许多方面都存在差别，这使华为在美国的业务产生阻力。

2003年,任正非终于改变了它在北美最初的策略,与北美著名电信制造商3Com公司展开合作,成立了华为3Com公司,而且占有了合资公司51%的股份。但华为3Com仍没有给华为带来预期的成绩,截至2004年12月31日,华为3Com的收入是2.16亿美元,净亏损1450万美元。华为在华为3Com方面获得的收益跟投入远不成正比。

关于这次失败的原因,诺盛电信咨询高级分析师杨小鹏在接受《中国电子报》记者采访时分析认为:华为作为一家综合性的强势厂商,不可能再把数通领域的合作模式移植到其他领域。北美运营商更加看重品牌的力量以及与设备商既往的合作历史,而显然,3Com在该方面并没有弥补华为的短板。

2006年2月,华为和北电网络宣布,双方将成立合资公司,联合开发千兆"超宽带"产品。这是有史以来中国电信设备商与外国电信巨头最大规模的一次合作。更具历史意义的是:此前世界主要电信设备商与中国电信企业成立的合资公司多数以中国市场为销售目标,而像华为北电合资公司这样以全球市场为目标的并不多。

如果此次合资能成功,对于华为无疑具有非常重大的意义。首先,合作伙伴是北美最大的电信设备厂商之一,实力强大。其次,据有关数据显示,2005年全球宽带接入设备市场总销售额达90亿美元,其中包括华为强项产品IP—DSLAM业务部分。2005年华为在这项业务上的全球销售额是10亿美元,如果合资成功,这个数字还可以大大提高。

所有关心华为的人满以为它这次终于拿到了一把打开北美市场的金钥匙,谁知这个满载希望的计划又一次搁浅了。北电网络在2006年第一季度财报中披露,北电和华为已经决定不再继续合资开发千兆超宽带接入产品。

关于这次短暂的失败"婚姻",BDA电信咨询高级顾问张宇分析说：合资搁浅的主导因素在北电网络。由于北电网络的亏损局面无法扭转，所以只有全面收缩一些前瞻领域的战略性投资计划。

这次"婚姻"的失败对于华为来说，无疑是个不小的打击，它意味着华为还没有开辟出北美基地，国际化大公司之路依然很遥远。这也正印证了毛泽东的一句话："要想不经过艰难曲折，不付出极大努力，总是一帆风顺、容易得到成功，这种想法只是幻想。"所以，对于年轻的华为，这样的失败或许是一件好事。

事实上，任正非也没有被在北美的挫折击败，而是在一次次地重整旗鼓。他多次向媒体表示，永远不会放弃北美市场。

2007年9月28日，华为又与全球知名的私募投资基金贝恩资本(BainCapital)联合宣布，将以22亿美元收购美国网络设备商3Com的全部股份。收购完成之后，贝恩将持有3Com公司83.5%的股份，华为则持有剩余16.5%的股份，双方将向3Com的董事会指派三名董事。此外，华为还有权根据3Com的业绩选择再度增持5%的股份。

这是一场让人颇感意外的收购。2006年11月，华为刚以8.82亿美元将华为3Com49%的股份卖回给了3Com，一时间，华为3Com成了3Com的全资子公司，但还不到1年时间，华为又成了3Com的买家。

这是一项全新的商业投资，我们无法知道任正非这次行动的商业目的是什么，但我们至少可以看清一个事实，任正非仍在为北美市场努力。仅仅凭着这一点，我们就相信，华为一定会最终成为一个国际型超级大企业。

历史上有许多世界著名的大企业，曾经为进入美国市场而拼尽全力,但只要它们坚持了,基本都能成功,并且成为真正意义上的世界一流企业。比如现在世界产量最大、盈利最大的汽车生产厂商丰田公司,在进入美国市场时也经历了许多波折。丰田进入美国的第一种试验型客车为其带来的几乎是一场灾难,这种车存在着严重的缺陷:引擎的轰鸣像载重卡车,车内装饰粗糙又不舒服,车灯太暗不符合标准,块状的外形极为难看。而且其售价与当时竞争对手"大众甲壳虫"车1600美元的定价相比没有吸引力。结果,只有五位代理商愿意经销其产品,而且在第一个销售年度只销售出288辆。

针对这次失败,丰田公司制定了一系列的应对策略。它开始真正调研美国市场的需求,准确勾画出一个按人口统计和心理因素划分的目标市场,设计满足美国顾客的美式日制小汽车。除此之外,丰田还在详细总结竞争对手的优点和缺点的基础上,结合价格优势、销售手段,终于实现了进入美国市场的梦想。1980年,丰田汽车在美国的销售量就已达到58000辆,是1975年销售量的两倍,丰田汽车占美国所进口的汽车总量的25%。

流水在碰到有阻碍的地方,才会真正释放活力。每一种挫折或不利的背后,往往深埋着更有爆发力的种子。障碍与失败是通往成功最稳固的踏脚石,肯研究利用它们,便能从失败中酝酿出成功。巴尔扎克曾说过:"世界上的事情永远不是绝对的,结果完全因人而异。苦难对于天才是一块垫脚石……对能干的人是一笔财富,对弱者是万丈深渊。"有志者是在与困难和挫折的斗争中逐渐成长的。

7. 高调出击，打造国际品牌

扎实的产业根基为华为开拓海外市场打下了良好的基础。华为凭借过硬的产品质量、优惠的价格、以客户为中心的服务意识以及成熟的渠道运作等优势，构成了其强大的竞争力，使其在国际化道路上越走越远。

任正非带领华为人通过埋头苦干，打造了华为这个中国IT技术产业的航空母舰。随着企业的发展，任正非逐渐意识到，品牌可以节约企业的营销成本，能够增加客户的接受度，增加公司的讨价还价能力。可品牌知名度却是华为的软肋。

为了扩大品牌的知名度，提升华为品牌在国际上的竞争力，任正非开始为华为积极树立品牌形象，公司抛弃了过去一贯的低调作风，开始了轰轰烈烈的品牌造势。

通讯产品的专业性和应用需求的复杂性，决定了其品牌推广工作离不开研发部门的积极配合。通常的品牌推广都是仅停留在产品展示阶段，而任正非却让华为率先将"概念传播"提到了品牌宣传战略的议事日程。这种"概念"的提出，通常都是由市场人员、技术人员共同进行的，而重点宣传的"概念"总是与华为的最新研发成果和目标市场选择紧密结合起来的。因此任正非专门挑选了一批资深的技术人员组建成撰稿队伍，定期发表一些与技术趋势、解决方案、应用案例相关的文章，通过宣传产品和技术扩大企业的知名度。同时，华为还邀请媒体的记者、编辑和公关公司的撰稿人为技术人员做培训，讲解如何将深入的内容以浅出的方式表达出来，并且让技术人员参与到大型市场活动的筹划和执行中去。"细分市场""目标受众"

"诉求点"等传播策略中的重要概念在这些过程中悄然进入了技术人员的脑海。这些活动促使华为技术人员在品牌推广方面的自觉意识日臻成熟，主动列出了关于网络产品技术、方案的详尽选题计划，对品牌的技术支撑做出了最好的宣传。

针对国内市场，任正非决定让华为以大规模巡展方式加快品牌在各区域、行业市场的渗透速度。

1999年10月，华为企业网在北京、上海、南京、广州等较发达的中心城市布局设点，用现场演示这种更贴近用户需求的方式来销售中低端系列产品。这种开始从大城市起步的营销方式，表露了华为在市场上的野心和提升品牌形象的努力。

参加国内、国外的大型通信展览会，始终是任正非惯用的品牌营销策略，可以说只要是国际通讯大展，华为都会一个不落地参加。华为每年几乎要参加20多个大型国际展览，在参展上的年投入至少一个亿。

华为在每次展会上都会推出一些新产品，不仅是进行产品宣传，同时也是展示它的强大研发实力。通过展会，华为营造了一个让世界了解的平台。

《IT时代周刊》记者所搜集到的关于华为国际展的资料显示：1999年华为参加了埃及电信展、巴西电信展、莫斯科电讯展等通信展览会；2000年参加了南非电信展、突尼斯电讯展等通信展览会；2001年参加了美国展、墨西哥展、印度展等通信展览会……华为每到一个新市场，都会在那里举办规模盛大的通信展。

华为国际市场宣传部的负责人李杰回忆说："1996—2000年，我们每年都要参加几十个国际顶级的展览会，一有机会就到国际舞台上展示自己。1995年开始，我们到日内瓦去看国际电联ITU的展览会,1999年华为开始参加ITU的展览会,到2003年华为参加ITU展览会的时候,租下的是一个505平方米的展台,成为当时场面最大的厂商展厅之一,给了西方电信运营商一个颇具震撼力的印象。"

在很多国家级的盛大的通信展上,华为都是极受关注的。这是由于华为的展台一般都与国际巨头比邻,并且要比其他展台规模更大、布置更细致、展出的技术和产品更先进。通过这些展览,原本不了解华为的人首先会在视觉上有一种震撼感,然后就会关注华为的产品和技术。从这里可以看出,参加展会不仅是华为的一个产品宣传过程也是一个品牌再塑的过程。

2003年1月23日,思科正式起诉中国华为公司及华为美国分公司,要求华为停止侵犯思科知识产权。这场跨国官司最后以双方和解而告终。对此有人这样评价:这就像一出专门为华为量身定做的品牌形象广告。华为思科诉讼案让此前默默无闻的华为借此为跳板,纵身一跃,跃至全球瞩目的视野,获得了在国际市场的关注。官司虽然没有胜负之分,但从品牌造势角度而言,华为获得了前所未有的胜利。

此后,在国内鲜有广告投入的华为借此东风,开始增加在海外的广告投放量:从《经济学人》《商业周刊》等主流财经类杂志到《现代电信》《IT时代周刊》等专业类杂志都能够看到华为的整版广告。比如,在《经济学人》杂志内页广告中,华为很西方化地打出了自己的口号:"技术恒变,沟通永存。"画面上一位白人小伙儿笑着说:"We hear you——华为的CEO超过70%的时间都是用来倾听客户的声音。"华为在塑造品牌形象上下的功夫不可谓不大,花的心思不可谓不高,收到的成效也不可谓不明显。

华为还善于运用口碑宣传,让品牌自动推广。华为竭尽全力来实现用户体验最佳化,以此获得用户的极大忠诚,并由用户间口碑传播进一步扩大影响力。调查显示,行业领先的企业通常都拥有较高的用户口碑宣传值。

"破除了狭隘的民族自尊心就是国际化,破除了狭隘的华为自豪感就是职业化,破除了狭隘的品牌意识就是成熟化。"任正非《华为文集》中的这句话标志着华为品牌策略的成熟。品牌竞争是企业竞争的最高层次,品牌扩张是企业实现市场扩张和利润增长的"高速公路",它强调的是企业对已经发掘的某个品牌资源的充分开发和利用,使品牌生命得以不断延长,品牌价值得以不断增值,品牌的市场份额不断扩大。现在的华为,犹如一辆加满油的跑车,正准备加大马力行驶于广阔的全球市场上。

附　录

任正非经典语录100句

∙∙∙

◎惶恐才能生存，偏执才能成功。

◎最好的防御就是进攻，要敢于打破自己的优势，形成新的优势。

◎不舍得拿出地盘来的人不是战略家，你们要去看看《南征北战》这部电影，不要在乎一城一地的得失，我们要的是整个世界。

◎我们在作战面上不需要展开得那么宽，还是要聚焦，取得突破。当你们取得一个点的突破的时候，这个胜利产生的榜样作用和示范作用是巨大的，这个点在同一个行业复制，你可能会有数倍的利润。

◎我们要用最先进的工具做最先进的产品，要敢于投入。把天下打下来，就可以赚更多的钱。

◎数据流量越来越大，公司也可能会越来越大。公司可以越来越大，管理绝不允许越来越复杂。

◎三个人拿四个人的钱，干五个人的活，就是我们未来的期望。这样改变以后，华为将一枝独秀。

◎要想升官，先到"蓝军"去，不把"红军"打败就不要升司令。"红军"的司令如果没有"蓝军"经历，也不要再提拔了。你都不知道如何打败华为,说明你已到天花板了。

◎天上掉下一块东西,人们觉得只要是馅儿饼就已经喜出望外了,实际上天上掉下的是块金子。

◎因为优秀,所以死亡。创业难,守业难,知难不难。高科技企业以往的成功,往往是失败之母。在这瞬息万变的信息社会,唯有惶者才能生存。

◎我认为任何一个民族,任何一个公司或任何一个组织,只要没有新陈代谢,生命就会停止。只要有生命的活动,就一定会有矛盾,一定会有斗争,也就一定会有痛苦。如果我们顾全每位功臣的历史,那么我们就会葬送我们公司的前途。

◎人类所占有的物质资源是有限的,总有一天石油、煤炭、森林、铁矿⋯⋯会被开采光,而唯有知识会越来越多。

◎世界上一切资源都可能枯竭,只有一种资源可以生生不息,那就是文化。

◎合作要找强者合作。比如,有时候我汽车没油了,我就蹭他的车坐一坐,总比我走路好,总比我骑毛驴好。所以,我们要敢于、要善于搭上世界各种车,我们这个利益就多元化了。利益多元化了,谁能消灭你?

◎成功是一个讨厌的教员,它诱使聪明人认为他们不会失败,它不是一位引导我们走向未来的可靠的向导。

◎什么叫成功?是像日本那些企业那样,经九死一生还能好好地活着,这才是真正的成功。华为没有成功,只是在成长。

◎磨难是一笔财富,而我们没有经过磨难,这是我们最大的弱点。

◎客户是我们的衣食父母。你们的工资收入和各项福利不是我给的,而是客户给的,客户才是你们真正的老板。

◎企业不能只为实现股东利益最大化，也不能以员工为中心，管理的任务是争得为客户服务的机会，因为客户是企业价值的源泉，没有了客户，企业就失去了立足之本。

◎十年来我天天思考的都是失败，对成功视而不见，也没有什么荣誉感、自豪感，而是危机感，也许是这样才存活了十年。

◎为了达到主要的目标，可以在次要的目标上做适当的让步。这种妥协并不是完全放弃原则，而是以退为进，通过适当的交换来确保目标的实现。

◎我并不指望企业业务迅猛地发展，你们提口号要超谁超谁，我不感兴趣。我觉得谁也不需要超，就是要超过自己的肚皮，一定要吃饱。你现在肚皮都没有吃饱，你怎么超越别人？

◎这个时代前进得太快了，若我们自满自足，只要停留三个月，就注定会从历史上被抹掉。

◎毛泽东会打枪吗？谁见过他打枪？……但是他会调动群众，会调动干部。

◎我们华为人都是非常讲礼仪的人。当社会上根本认不出你是华为人的时候，你就是华为人；当这个社会认出你是华为人的时候，你就不是华为人，因为你的修炼还不到家。

◎大公司不会必然死亡，不一定会惰怠保守，否则不需要努力成为大公司。

◎优质资源要向优质客户倾斜。什么是优质客户？给我们钱多的就是优质客户。让我们赚到钱的客户，我们就派"少将连长"过去，就把服务成本给提高了，"少将"带个连去服务肯定好过"中尉连长"的服务。

◎茶壶里煮饺子，倒不出来就不算饺子。

◎活下来是我们真正的出路，国际上的市场竞争法则是优胜劣汰,难做的时候,你多做一个合同,别人就少一个。兄弟公司之间竞争的时候,我们要争取更大的市场份额与合同金额,这才是我们真实的出路。

◎王小二卖豆浆,能卖一元钱一碗,为什么要卖五角钱?我们产品的毛利,要限定在一定水平,太高或太低都不合适。

◎时光不能倒流,如果人能够从80岁开始倒过来活的话,人生一定会更加精彩。

◎我希望各级干部在组织自我批判的民主生活会议上,千万要把握尺度。我认为人是怕痛的,太痛了也不太好,像绘画、绣花一样,细细致致地帮人家分析他的缺点,提出改进措施来,和风细雨式最好。

◎人是有差距的,要承认差距存在,一个人对自己所处的环境,要有满足感,不要不断地攀比。你们没有对自己付出的努力有一种满足感,就会不断地折磨自己,和痛苦着,真是身在福中不知福。这不是宿命,宿命是人知道差距后,而不努力去改变。

◎为客户服务是华为存在的唯一理由;客户需求是华为发展的原动力。

◎宁肯卖得低一些,一定要拿到现金,亏钱卖了就是拼消耗,看谁能耗到最后,谁消耗得最慢,谁就能活到最后。

◎华为的每个部门都要有狼狈组织计划,既要有进攻性的狼,又要有精于算计的狈。

◎一个人再有本事,也得通过所在社会的主流价值认同,才能有机会。

◎(压强原则)在成功的关键因素和选定的战略生长点上,以超过主要竞争对手的强度配置资源,要么不做,要做,就集中人力、物力和财力,实现重点突破。

◎只有企业的员工真正认为自己是企业的主人，分权才有了基础，没有这样的基础，权力分下去就会乱。让有个人成就欲望者成为英雄，让有社会责任者(指员工对组织目标有强烈的责任心和使命感)成为领袖。基层不能没有英雄，没有英雄就没有动力。

◎队伍不能闲下来，一闲下来就会生锈，就像不能打仗时才去建设队伍一样。不能因为现在合同少了，大家就坐在那里等合同，要用创造性的思维方式来加快发展。

◎华为是一群从青纱帐里出来的土八路，还习惯于埋个地雷、端个炮楼的工作方法，还不习惯于职业化、表格化、模板化、规范化的管理，重复劳动、重叠的管理还十分多，这就是效率不高的根源。

◎我们处在一个电子产品过剩的时代，而且会持续过剩，过剩的商品绝不会再卖高价。而制造这些复杂产品却需要更多的优秀人才，需要更多的人力成本。一个是更少的收益；一个是更大的付出，这是摆在所有电子厂家面前的难题。

◎"冬天"也是可爱的，并不是可恨的。我们如果不经过一个"冬天"，我们的队伍一直飘飘然是非常危险的。华为千万不能骄傲。冬天并不可怕，我们是能够度得过去的。

◎十年之后，世界通信行业三分天下，华为将占一分。

◎我们公司的太平时间太长了，在和平时期升的官太多了，这也许就是我们的灾难。泰坦尼克号也是在一片欢呼声中出的海。

◎在管理改进中，一定要强调改进我们木板最短的那一块。各部门、各科室、各流程主要领导都要抓薄弱环节，要坚持均衡发展，不断地强化以流程型和时效型为主导的管理体系的建设，在符合公司整体核心竞争力提升的条件下，不断优化你的工作，提高贡献率。

◎现在流程上运作的干部，他们还习惯于事事都请示上级。这是错的，已经有规定或者成为惯例的东西，不必请示，应快速让它通过去……我们要简化不必要确认的东西，要减少在管理中不必要、不重要的环节,否则公司怎么能高效运行呢?

◎管理就像长江一样,我们修好堤坝,让水在里面自由流,管它晚上流,白天流。晚上我睡觉,但水还自动流。

◎他说他也没有犯错啊,没犯错就可以当干部吗? 有些人没犯过一次错误,因为他一件事情都没做。而有些人在工作中犯了一些错误,但他管理的部门人均效益提升很大,我认为这种干部就要用。对既没犯过错误,又没有改进的干部可以就地免职。

◎自我批判是思想、品德、素质、技能创新的优良工具。我们一定要推行以自我批判为中心的组织改造和优化活动。自我批判不是为批判而批判,也不是为全面否定而批判,而是为优化和建设而批判。

◎我们倡导自我批判,但不提倡相互批评。因为批评不好把握适度,如果批判火药味过浓,就容易造成队伍之间的矛盾。而自己批判自己呢,人们不会对自己下猛力,对自己都会手下留情。即使用鸡毛掸子轻轻打一下,也比不打好,多打几年,你就会百炼成钢了。

◎我认为,批评别人应该是请客吃饭,应该是绘画、绣花,要温良恭让。一定不要把内部的民主生活会变成了有火药味的会议。高级干部尖锐一些,是他们素质高,越到基层应越温和。事情不能指望一次说完,一年不行,两年也可以,三年进步也不迟。

◎自我批判不是今天才有, 几千年前的曾子"吾日三省吾身";孟子的"天将降大任于斯人也,必先苦其心志,劳其筋骨,饿其体肤,空乏其身,行拂乱其所为,所以动心忍性,曾益其所不能";毛泽东同志在写文章时,要求"去粗取精,去伪存真,由表及里,由此及彼"……都是自我批判的典范。没有这些自我批判,就不会造就这些圣人。

◎区别一个干部，是不是一个好干部，是不是忠臣，标准有四个：第一，你有没有敬业精神，对工作是否认真……第二，你有没有献身精神，不要斤斤计较……第三点和第四点，就是要有责任心和使命感。

◎世界是在变化的，永远没有精致完美，根本不可能存在完美，追求完美就会陷入到低端的事务主义，越做越糊涂，把事情僵化了。做得精致完美，就会变成小脚女人，怎么冲锋打仗？

◎现在是春天，但冬天已经不远了，我们在春天与夏天要念着冬天的问题。IT业的冬天对别的公司来说不一定是冬天，而对华为可能是冬天。华为的冬天可能来得更冷一些。我们还太嫩，我们公司经过十年的顺利发展没有经历过挫折，不经过挫折，就不知道如何走向正确道路。

◎冬天总会过去，春天一定来到……我们定会迎来残雪消融，溪流淙淙，华为的春天也一定会来临。

◎华为成长在全球信息产业发展最快的时期，特别是中国从一个落后网改造成为世界级先进网，迅速发展的大潮流中，华为像一片树叶，有幸掉到了这个潮流的大船上，是躺在大船上随波逐流到今天，本身并没有经历惊涛骇浪、洪水泛滥、大堤崩溃等危机的考验。因此，华为的成功应该是机遇大于其素质与本领。

◎我们有许多员工盲目地在自豪，他们就像井底之蛙一样，看到我们在局部产品上偶然领先西方公司，就认为我们公司已是世界水平了。他们并不知道世界著名公司的内涵，也不知道世界的发展走势，以及别人不愿公布的潜在成就。华为在这方面很年轻、幼稚、很不成熟。

◎当前市场困难的状况是最能锻炼人与提高人的技能的历史时刻。

◎公司规模是未来运营商合作的基础,我们的思路就是使客户对我们寄予一种安全感。

◎有些员工老是埋怨华为公司修了两个漂亮楼,浪费。我们在给生产总部做核算时,把玻璃幕墙拿下来,算在市场部的核算里……因为客户来了一看,说这个公司很漂亮,不像会垮的样子,把合同给它吧!所以说这个房子也是客户掏钱建的。

◎"基本法"不是为了包装自己而产生的华而不实的东西,而是为了规范和发展内部动力机制,促进核动力、电动力、油动力、煤动力、沼气动力……

◎一个人再没本事也可以活60岁,但企业如果没能力,可能连六天也活不下去。如果一个企业的发展能够顺应自然法则和社会法则,其生命可以达到600岁,甚至更长时间。

◎对于个人来讲,我没有远大的理想,我思考的是这两三年要干什么,如何干才能活下去。我非常重视近期的管理进步,而不是远期的战略目标。

◎活下去,永远是硬道理。近期的管理进步,必须有一个长远的目标方向,这就是核心竞争力的提升。

◎在管理上,我不是一个激进主义者,而是一个改良主义者,主张不断地管理进步。现在我们需要脱下草鞋,换上一双美国鞋,但穿新鞋走老路照样不行。换鞋以后,我们要走的是世界上领先企业走过的路。

◎我们现在向Hay公司买一双"美国鞋"(西方鞋),中国人可能穿不进去,在管理改进和学习西方先进管理方面,我们的方针是"削足适履",对系统先僵化,后优化,再固化。

◎对不合理的制度,只有修改。

◎您想提高效益、待遇,只有把精力集中在一个有限的工作面上,不然就很难熟能生巧。您什么都想会、什么都想做,就意味着什么都不精通,任何一件事对您都是做初工。

◎要关心时事,关心国家与民族的前途命运,提高自己的觉悟,但不要卷入任何政治旋涡。公司不支持您,也不会保护您,公司坚持员工必须跟着社会潮流走。

◎作为高层管理者,我们怎样治理这个公司,我认为这很重要。以前我也多次讲过,只是这篇文章(《无为而治》)给我们画龙点睛,更深刻地说明了这个问题。我希望大家来写认识,也是对你们职业素养的一次考试,考不好怎么办呢?考不好你还可以学习,我们是托福式考试,以最好的一次为准。

◎实现无为而治,不仅是管理者实现"从心所欲不逾矩"的长期修炼,更重要的是我们的价值评价体系的正确导向,如果我们的价值评价体系的导向是不正确的,就会引发行为英雄化。行为英雄化不仅会破坏了公司的流程,严重的还会导致公司最终分裂。

◎我们这个时代是知识经济时代,它的核心就是人类创造财富的方式和致富的方式发生了根本的改变。随着时代的进步,特别是由于信息网络给人带来的观念上的变化,使人的创造力得到极大的解放,在这种情况下,创造财富的方式主要是由知识、由管理产生的,也就是说人的因素是第一位的。

◎机会、人才、技术和产品是公司成长的主要牵引力。这四种力量之间存在着相互作用。机会牵引人才,人才牵引技术,技术牵引产品,产品牵引更多更大的机会。员工在企业成长圈中处于重要的主动位置。

◎我们坚持人力资本的增值大于财务资本的增值。我们尊重知识,尊重人才,但不迁就人才。不管你有多大功劳,绝不会迁就。我们构筑的这种企业文化,推动着员工的思想教育。

◎"君子取之以道，小人趋之以利。"以物质利益为基准，是建立不起一个强大的队伍的，也是不能长久的。

◎培养员工从小事开始关心他人，要尊敬父母，帮助弟妹，对亲人负责。在此基础上关心他人，支持希望工程，寒门学子，烛光计划……平时关心同事，以及周围有困难的人。

◎公司的竞争力成长与当期效益的矛盾，员工与管理者之间的矛盾……在诸种矛盾中，寻找一种合二为一的利益平衡点，驱动共同为之努力。

◎知识经济时代，企业生存和发展的方式也发生了根本的变化，过去是靠正确地做事，现在更重要的是做正确的事。

◎超宽带时代会不会是电子设备制造业的最后一场战争？我不知道别人怎么看，对我们来说，如果我们在超宽带时代失败，也就没有机会了。

◎一个企业的内外发展规律是否真正认识清楚，管理是否可以做到无为而治，这是需要我们一代又一代的优秀员工不断探索的问题。只要我们努力，就一定可以从必然王国走向自由王国。

◎过去人们把创新看作冒风险，现在不创新才是最大的风险。

◎历时八年的市场游击队，锻炼了多少的英豪。吃水不忘挖井人，我们永远不要忘记他们。随着时代的发展，我们需要从游击队转向正规军，像参谋作业一样策划市场，像织布那样精密管理市场。

◎在这个大发展的时候，多么缺乏一群像他们那样久经考验的干部。"烧不死的鸟就是凤凰"，有些火烧得短一些，有些火要烧得长一些；有些是"文火"，有些是"旺火"。它是华为人面对困难和挫折的价值观，也是华为挑选干部的价值标准。

◎碳元素平行排列，可以构成石墨，非常松软；而若三角形排列，则可以构成金刚石，异常坚硬。为了建成这样一种人才和资源的配置结构,我们需要更多的富于自我牺牲精神的干部,他们的实践是我们的榜样,他们言行所产生的榜样的力量是无穷的。

◎从泥沼里爬出来的才是圣人,烧不死的鸟才是凤凰。

◎外延的基础是内涵的做实,没有优良的管理难以保持超过竞争对手的速度,但扩张必须踩在坚实的基础上。管理进步基于良好的管理方法与手段,如果没有管理改进的愿望,企业实际已经死亡。

◎要把生命注入到永恒的管理优化中去。华为公司的第一、二代创业者就是把生命注入到创业中去,才获得了今天的成功。研发人员也宣誓要把生命注入到产品中去,因此我们管理者也应把生命注入到持续不断的管理优化中去。把生命注入并不是要你像干将、莫邪铸剑一样跳到熔炉里去,而是要用一丝不苟、孜孜不倦的精神去追求产品的成功。

◎我希望大家不要做昙花一现的英雄。华为公司确实取得了一些成就,但当我们想躺在这个成就上睡一觉时,英雄之花就凋谢了,凋谢的花能否再开,那是很成问题的。在信息产业中,一旦落后,那就很难追上了。

◎干部一定要有天降大任于斯人的胸怀、气质,要受得了委屈,特别是做了好事,还受冤枉的委屈。

◎马克思说过,"科学的入口处正像地狱的入口处。"这是那些把有限的生命投身于无限的事业中,历经磨难的人,才能真正感受到的。创新虽然艰难,但它是唯一的生存之路,是成功的必经之路。

◎再过几天香港就要回归了,整整过去了一百五十七年。鸦片战争的硝烟已经散去,但鸦片战争的阴魂还在幽荡。百年的屈辱告诉我们一个真理,弱国永远没有"道理",狼要吃羊的时候总能找到道理。

◎2000年后,华为最大的问题是什么? ……是钱多得不知道如何花,你们家买房子的时候,客厅可以小一点,卧室可以小一点,但是阳台一定要大一点,还要买一个大耙子,天气好的时候,别忘了经常在阳台上晒钱,否则你的钱就全发霉了。

◎在战场上,军人的使命是捍卫国家主权的尊严;在市场上,企业家的使命则是捍卫企业的市场地位。

◎狭路相逢勇者胜。我们一定要冲过自己的心理障碍,在管理与服务上狠下工夫,从一点一滴的小事进步做起。在市场洪流冲击我们的时候,不做叶公好龙的小人。

◎现在我们需要大量的干部,干部从哪里来?必须坚持从实践中来。如果我们不坚持干部从实践中来,我们就一定会走向歧途。是不是外来的"空降部队"就一定不好呢?很多公司的历史经验证明,"空降部队"也是好的,但是其数量绝对不能太大。

◎以色列这个国家是我们学习的榜样,它说它什么都没有,只有一个脑袋。一个离散了多个世纪的犹太民族,在重返家园后,他们在资源严重贫乏,严重缺水的荒漠上创造了令人难以相信的奇迹。他们的资源就是有聪明的脑袋,他们是靠精神和文化的力量,创造了世界奇迹。

◎我认为年轻人,在你生命非常旺盛的历史时期,勇敢地走向国际市场,去多经风雨,多见世面,对你一生受益不浅。希望大家在这一方面也多做努力,这样的话,我们东方不亮西方亮,黑了北方有南方,我们公司的生存平衡就会变得更加好。

◎华为唯一可以依存的是人,当然是指奋斗的、无私的、自律的、有技能的人。如何培养和造就这样的人,是十分艰难的事情。但我们要逐步摆脱对技术的信赖,对人才的信赖,对资金的依赖,使企业从必然王国走向自由王国,建立起比较合理的管理机制。